元気な中小企業を育てる

日本経済の未来を切り拓く中小企業のイノベーター

村本孜

元気な中小企業を育てる

―日本経済の未来を切り拓く中小企業のイノベーター―

はしがき

日本の経済・社会にとってイノベーションが必要といわれて久しい。イノベーションは単に技術革新や経営革新に留まらない。社会や生活そのもののイノベーションこそが必要とされている。このようなイノベーションにはそれを担う人材を育てる教育のイノベーションも重要な課題である。このようなイノベーターは社会の各所で求められている。

さらに、日本経済の大きな課題は、人口減少問題である。二〇一四年五月に日本創成会議が一、七〇〇余りある自治体の半数が二〇四〇年には消滅するかもしれないというレポートを発表したが、これは各方面に衝撃を与えた。地方創生は政府の喫緊の課題として取り組まれている。この地方創生の担い手の主なプレーヤーが中小企業である。地場産業・地元企業は雇用の受け皿であるし、地域活性化の中心である。中小企業の約八割は東京以外にあるというが、この資源を地方創生に繋げることこそ重要で、その鍵は地域金融機関にもある。「地域のことは地域に聞け」、だからである。長い目で見ると、人口減少だけでなく、企業数も減少している。日本では人口が増加している時期にも企業数は減少しており、その大半は中小企業である。今こそ、経済の下支えをする「中小企業に光を」である。地域の中小企業を元気にする地域イノベーションの実現こそ地方創生である。

少なくとも経済の分野では、イノベーションを担うのは企業であり、それも機動力のある中小企業である。中小企業をイノベーターとして捉えると、すぐにベンチャー企業を思い浮かべるが、既存の中小企業もサポーティング・インダストリーとして磨いた技術・技能などによって新たな分野にイノベーターとして活躍しているケースも多い。

本書は、経済の発展を支える経済構造について、製造業を中心にリーディング・インダストリーとそれを支えるサポーティング・インダストリーの二層構造が重要であることから、中小企業を評価し、いかにして中小企業を育成・支援するのかを、日本の中小企業支援施策・政策をサーベイすることを意図している。日本の中小企業支援施策・政策は、戦後七〇年についてだけでも、諸外国に比べてそのパフォーマンスが優れている。

日本のこのような経験は、これから経済発展を志向する発展途上国や成長国にとっても重要なインプリケーションをもつ。たとえば、自動車産業を積極的に誘致し、この直接投資とＮＡＦＴＡの有利性を活用して、経済成長を遂げている国にメキシコがある。日本からもニッサン、ホンダ、マツダなどが進出している。この完成車メーカーに部品を供給するサプライヤーも一次部品メーカーを中心に進出している。ところが、二次部品、三次部品などになるとその調達に困難が多い。サポーティング・インダストリーとしての中小企業が十分な技術・技能を有しておらず、サプライヤーとして機能していない問題があり、経済成長の隘路になっている。

このように中小企業の厚みのある存在は、経済発展の健全性・頑健性にとって不可欠である。この観点からすれば、中小企業を育成・支援してきた日本の経験・日本型モデルを整理しておくことは、重要といえよう。とくに、経済の二重構造問題に対応する意味をもっていた中小企業基本法が改正された一九九九年以降、すなわち二一世紀の中小企業支援施策・政策はそれまでとは異なった展開を見せてきた。元気な中小企業を積極的に支援する方向性が明確になった。とくに、中小企業金融の分野は金融の自由化・規制緩和、金融システムにおける市場型金融システムの活用すなわち複線的金融システムが整備される中で、大きな変化を遂げている。

本書では、このような中小企業政策の転換とそれに伴う中小企業政策とりわけ中小企業金融の新展開を整理している。とくに、中小企業に対する金融行政がリレーションシップ・バンキング（地域密着型金融）に軸足を置くようになったことを踏まえて、課題の整理を行った。政策金融・信用補完のほかに、証券化・動産担保（ＡＢＬ）・知的資産経営・クラウドファンディング・ＤＤＳ・ＣＲＤなど多くの手法も整備されてきた。このような課題についての理解が広く深まれば幸いである。このため詳細な引用注などは割愛したが、本書を基にした研究書を別途用意しているので、そちらを参照して頂ければと思う。本書の成立には蒼天社出版の上野教信社長のお勧めがあったことを記して、ご厚情と熱心な編集作業に感謝したい。

二〇一五年一月吉日

目次

図表一覧

略語表

ABCP	asset-backed commercial paper
ABL	asset-based　lending
ABS	asset-backed seurities　資産担保証券
ALM	asset liability management　資産負債管理
ASP	apllication service provider
BCP	business continuity planning　緊急時企業存続計画
BIS	Bank for International Settlements　国際決済銀行
CBO	collateralized bond obligation
CDO	collateralized debt obligation（債務担保証券）　CDO のうち、公社債などを担保とするものを CBO、貸付債権を担保とするものを CLO という
CLO	collateralized loan obligation
CMS	cash management service
CRD	credit risk database 中小企業信用リスク情報データベース
CSR	corporate social responsibility 企業の社会的責任
DIP	debtor in possess　民事再生法などの倒産手続き開始後も旧経営陣に経営を任せつつ、新たな資金を提供する金融手法
DDS	debt debt swap　資本性借入
DES	debt equity swap　債務の株式化
EBO	employee buy-out　従業員買収
ESG	Environmental（環境）、Social（社会）、Governance（企業統治：ガバナンス）
GRI	green reporting initiative
IMD	International Institute for Management and Development
IPO	initial public offering　株式公開
IR	integrated report（統合報告書）
IIRC	International Integrated Reporting Council
JASDAQ	ジャスダック
JOBS Act	Jumpstart Our Business Startups Act
KfW	Kreditanstalt für Wiederaufbau　復興金融公庫
LLC	limited liability company　有限責任会社、合同会社
LLP	limited liability patner　有限責任事業組合
M&A	mergers and acquisitions　合併譲渡
NASDAQ	National Association of Securities Dealers Automated Quotations
RCC	Resolution and Collection Corporation　整理回収機構
RDB	Risk Database Bank
RMBS	residential mortgage-backed securities
SBIR	Small Business Innovation Research
SDB	Shinkin Credit Risk DataBase　信用金庫信用リスクデータベース
SEC	Securities and Exchenge Commission　米国証券取引委員会
SNS	social network service
SPC	special purpose company　特別目的会社
SPV	special purpose vehicle　特別目的事業体
SBA	Small Business Agency　米国中小企業庁
VC	venture capital
WEF	World Economic Forum

序　章

元気な中小企業を育てるために——イノベーターとしての中小企業

二一世紀は、環境・情報・ICTの時代といわれる。日本では、人口減少時代に入り、国全体の活力をいかに維持するかが課題になっている。経済成長は人口の関数であり、人口が増加すれば、自ずと経済も成長し、国の活力は維持される。人口減少は、労働力人口を押し下げ、経済の担い手の減少とともに、消費を削減するので総需要を抑制し、経済成長の妨げになる。むろん、人口が減少している国ぐに、高齢化が進んでいる国ぐにでも経済繁栄が維持されている場合もあり、必ずしも人口減少イコール経済停滞というわけでもない。いわゆる労働生産性、全要素生産性を高めれば、経済発展は可能だ。つまり、この生産性の向上こそがイノベーションの実現といえる。

ところが、日本の抱える課題にはもう一つある。それは企業の減少の問題だ。図序―1は、中小企業の数を過去三〇年にわたってみたものだ。一九八六年の五三三万社をピークに、その後の四半世紀は一貫して減少傾向にあることが分かる。二〇一二年に三八五万社だったが、この間に一四八万社が減少し、一年間に五万七、〇〇〇社の企業が消滅した。これは、たとえ黒字経営でも、後継者がいないことから廃業してしまう企業が多いことも理由の一つになっている。とりわけ、小規模企業（常用雇用者二〇人以下）の減少が著しい。一九九六年以降二〇一二年までの一六年間に小規模企業数は、四四八万社から三三四万社へと一一四万社が減少し、一年間に七万一、〇〇〇社が減少したことになる。この間の中小企業全体の減少数が一二二万社だったことを考えると、そのほとんどが小規模企業の減少によるものだ。つまり、小規模企業は中規模企業に比べて、減少の度合いが大きく、とくに商店街のシャッター通り化に伴い、小売業の衰退がみられたからだ。

業種別にみれば、一九九六年に一〇六万社あった小売業は、二〇一二年には七一万社まで減少し、

図序-1　中小企業数の推移

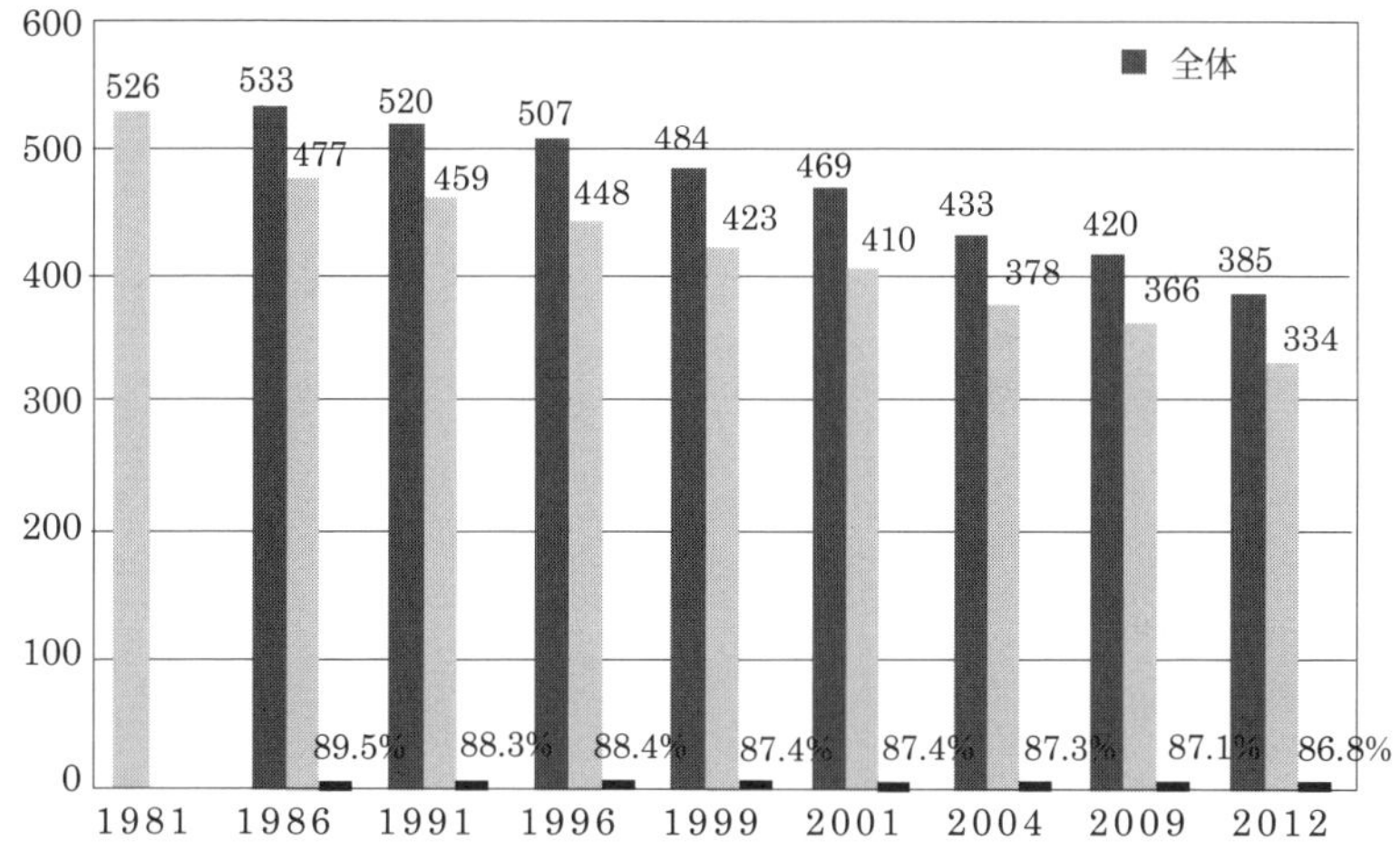

出所：総務省「経済センサス――基礎調査」再編加工。『中小企業白書』各年版より作成。

実に三分の二になった。飲食業も同じ期間に六八万社から四八万社へと三割が減少し、建設業は五九万社から四五万社へと二五％の減少だ。これら小売・飲食・建設の三業種で小規模企業減少の六割を占めている。製造業も五九万社から三七万社へと四割も減少しており、この製造業も含めると、小売・飲食・建設・製造の四業種で減少数の八割を占める。このように小規模企業は、平成デフレとそれに伴う地域経済の衰退や公共事業の減少などの影響をストレートに受けたことになる。

　企業数の減少は、廃業だけではなく、開業との関係もある。廃業については、小規模企業の減少の影響が大きいが、開業の低迷も重要な要因だ。開業率が廃業率を下回るので、企業数が減少してしまうのだ（図序―2）。この開業率が低いことこそが、新しい経済の担い手が育たないことを意味しており、深刻な問題を招いている。いわゆるベンチャー企業が輩出されにくいことを示しており、起業ないし創業のハードルを高

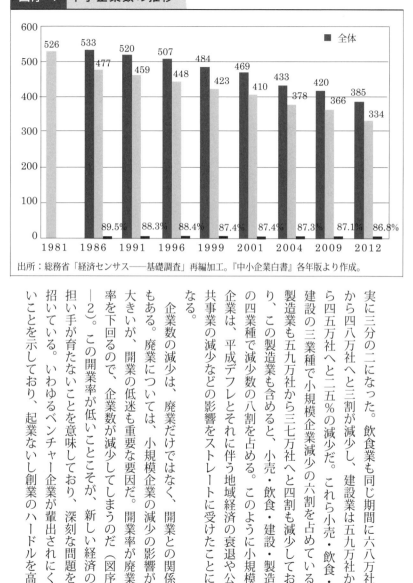

図序-2　開業率と廃業率

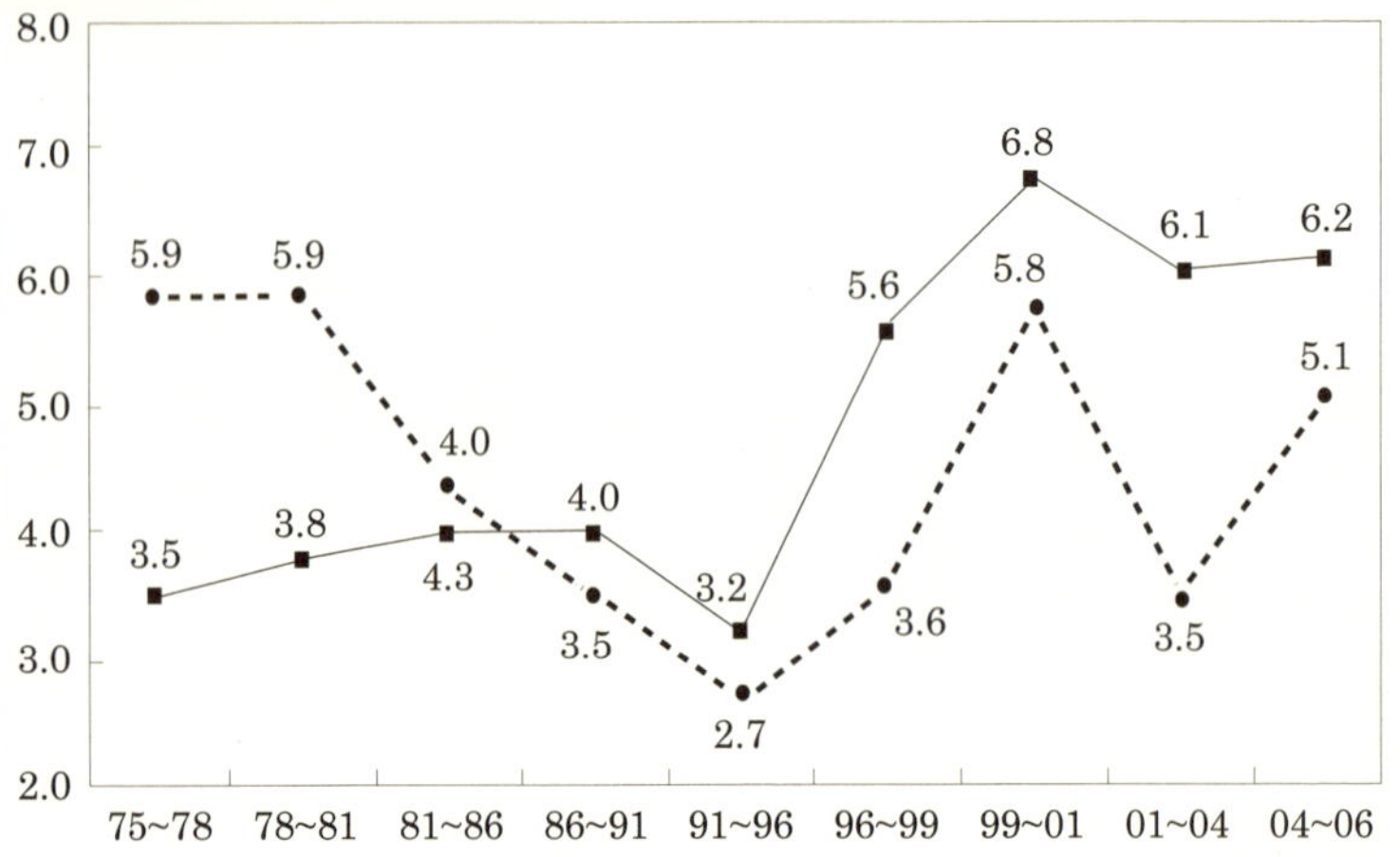

出所：総務省「経済センサス――基礎調査」再編加工。『中小企業白書』各年版より作成。

くしている点だ。ただ、ここで一つ注意しておきたいのは、雇用関係のある中小企業（第三者を雇用している中小企業）では、開業率が廃業率を上回っている点だ。つまり、第三者を雇用しないような零細な企業（パパ・ママ・ショップなど）が撤退・退出しているのだ。とはいえ、諸外国に比べると日本の開業率は低水準にあり、アメリカやドイツの半分位、イギリスやフランスと比べると三分の一程度にすぎない。

しかし、日本でもこのベンチャー企業の生まれにくい環境は、二〇〇〇年代以降、大幅に改善されてきている。例えば、株式公開（ＩＰＯ）を容易にするＪＡＳＤＡＱやマザーズなどの新興市場の整備と上場基準の緩和など、ベンチャー・キャピタルの育成などが進んでいる点だ。ほかにも、政策金融機関の直接融資、信用保証協会の創業保証などが整備された。そこで、本書では、この中小企業をとりまく環境変化を様々な角度から検討し、元気な中小企業を育てるために何が必要なのか、その工夫を考えていきたい。そのうえで、元気になってきた中小企

図序 -3　各国の開廃業率

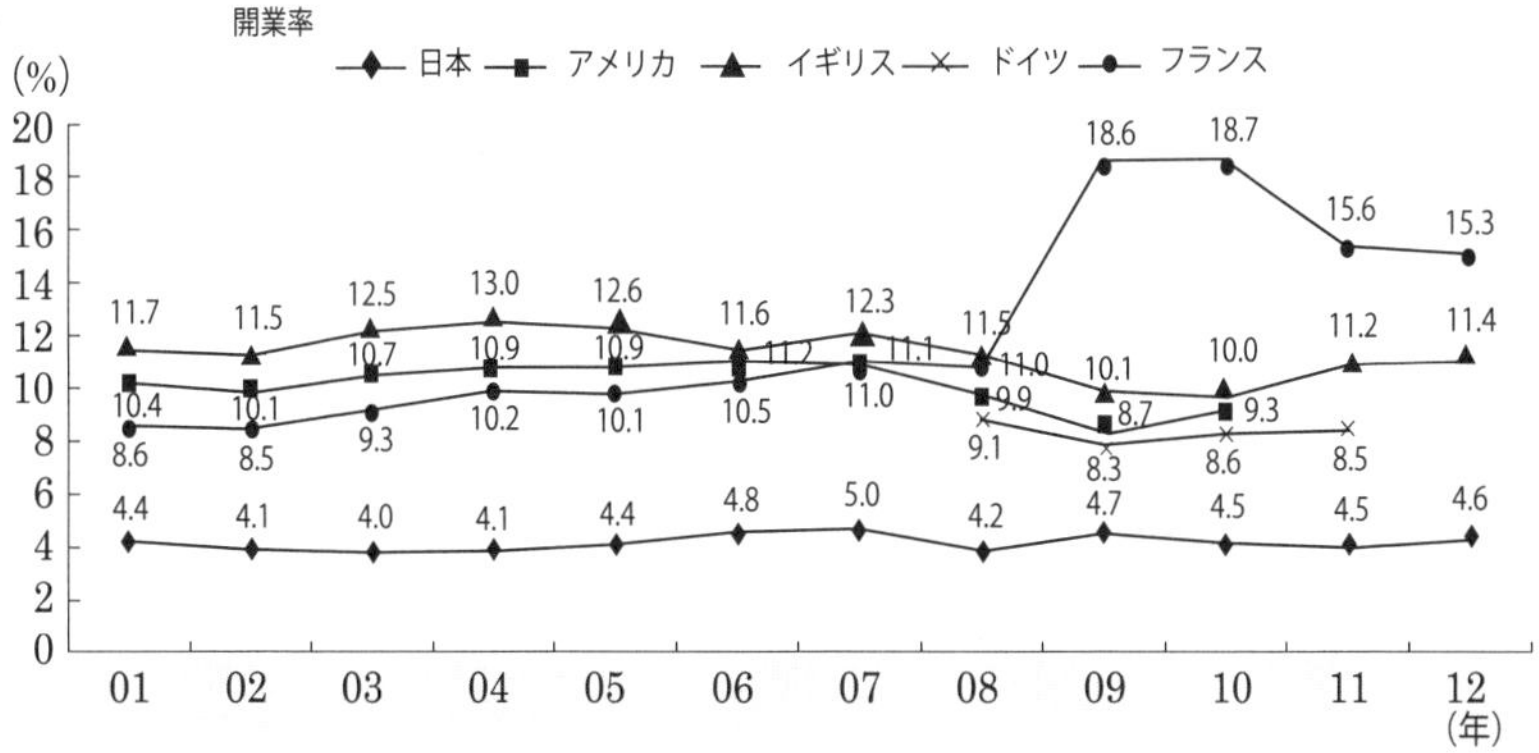

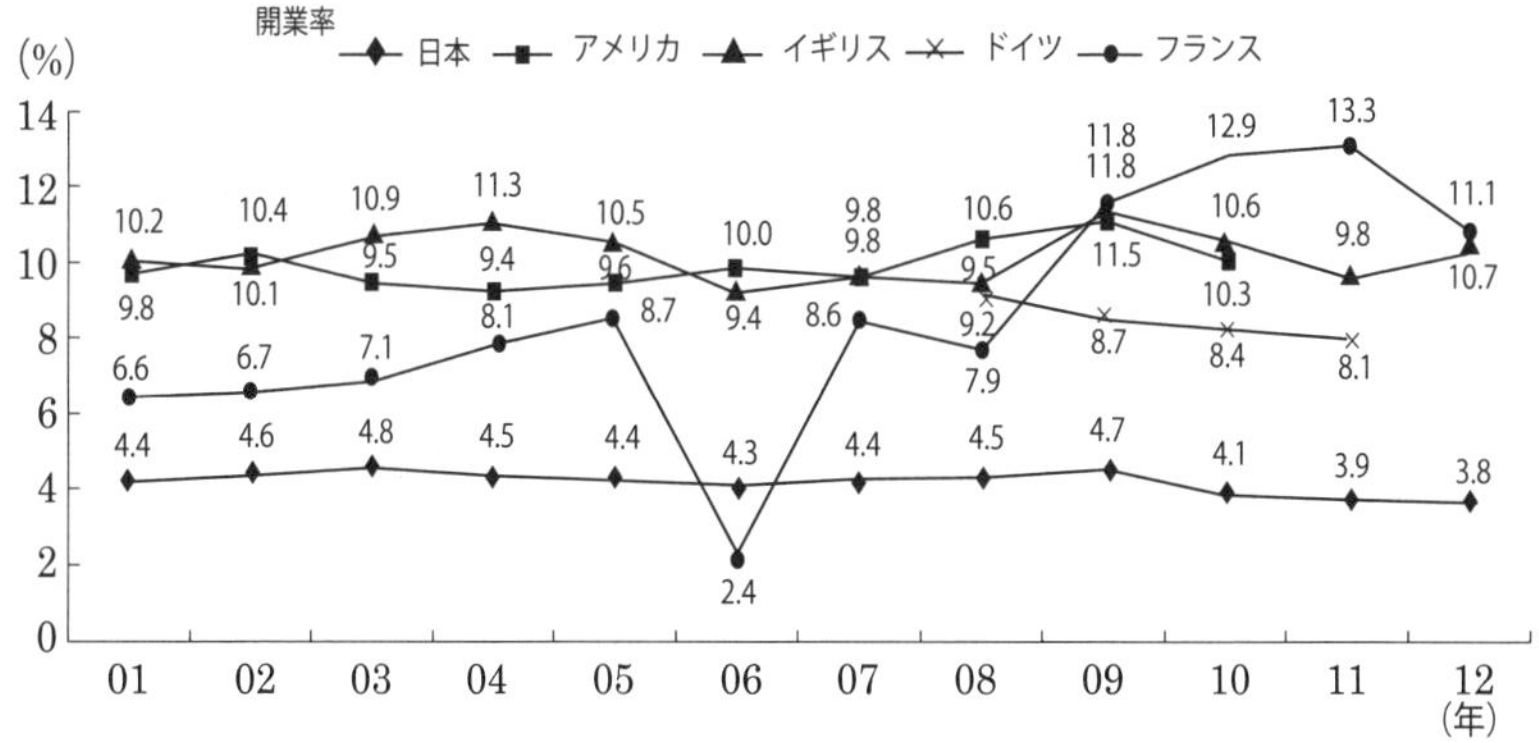

注：1. 日本の開廃業率は、保険関係が成立している事業所（適用事業所）の成立・消滅を基に算出している。
2. アメリカの開廃業率は、雇用主（employer）の発生・消滅を基に算出している。
3. イギリスの開廃業率は、VAT（付加価値税）及び PAYE（源泉所得税）登録企業数を基に算出している。
4. ドイツの開廃業率は、開業、廃業届けを提出した企業数をもとに算出している。
5. フランスの開業率は、企業・事業所目録（SIRENE）へのデータベースに登録・抹消された企業数を基に算出している。
6. 国によって統計の性質が異なるため、単純に比較することはできない。
出所：『中小企業白書 2014 年版』187 頁より作成。

業の姿を探ってみたい。

第1章

なぜ、いま、中小企業なのか

第1節　中小企業という存在

中小企業は、企業規模が小さい企業という意味であり、法律でも製造業ならば資本金三億円以下または従業員三〇〇人以下とされる。規模が小さいので、大企業体制の下で弱い存在と思われがちだが、そうではない。経済のリーディング・インダストリーである大企業・成長企業にとっては、そのサポーティング・インダストリーないしそのサプライヤーとして機能するという重要な役割がある（「二層構造」という）。さらに、先に指摘したように、経済を活性化させるために不可欠なイノベーションの担い手（イノベーター）であると位置づけられる。

イノベーションとは、技術革新・経営革新・社会革新といった社会にとって新たな価値を生み出す現象だ。少し限定し、イノベーションを技術革新・開発として認識すると、巨額の開発資金を要するようなイノベーションはもっぱら大企業によって担われるので、資金的困難はそれほど問題ではない。金融システムは、グローバリゼーションや金融イノベーションの進展によって格段に進化した。資本市場での資金調達は、高格付けが得られる大企業とっては、低コストでの資金調達手段が多様化し、かつその利用も容易化してエクティ・ファイナンスとして活用できる状況になった。さらに、株式分割など、株式会社がそのガバナンス機構の拡充の過程で導入された手法が、大企業・中堅企業の資金調達を容易にしている。

図 1-1　企業成長ステージと資金調達手段

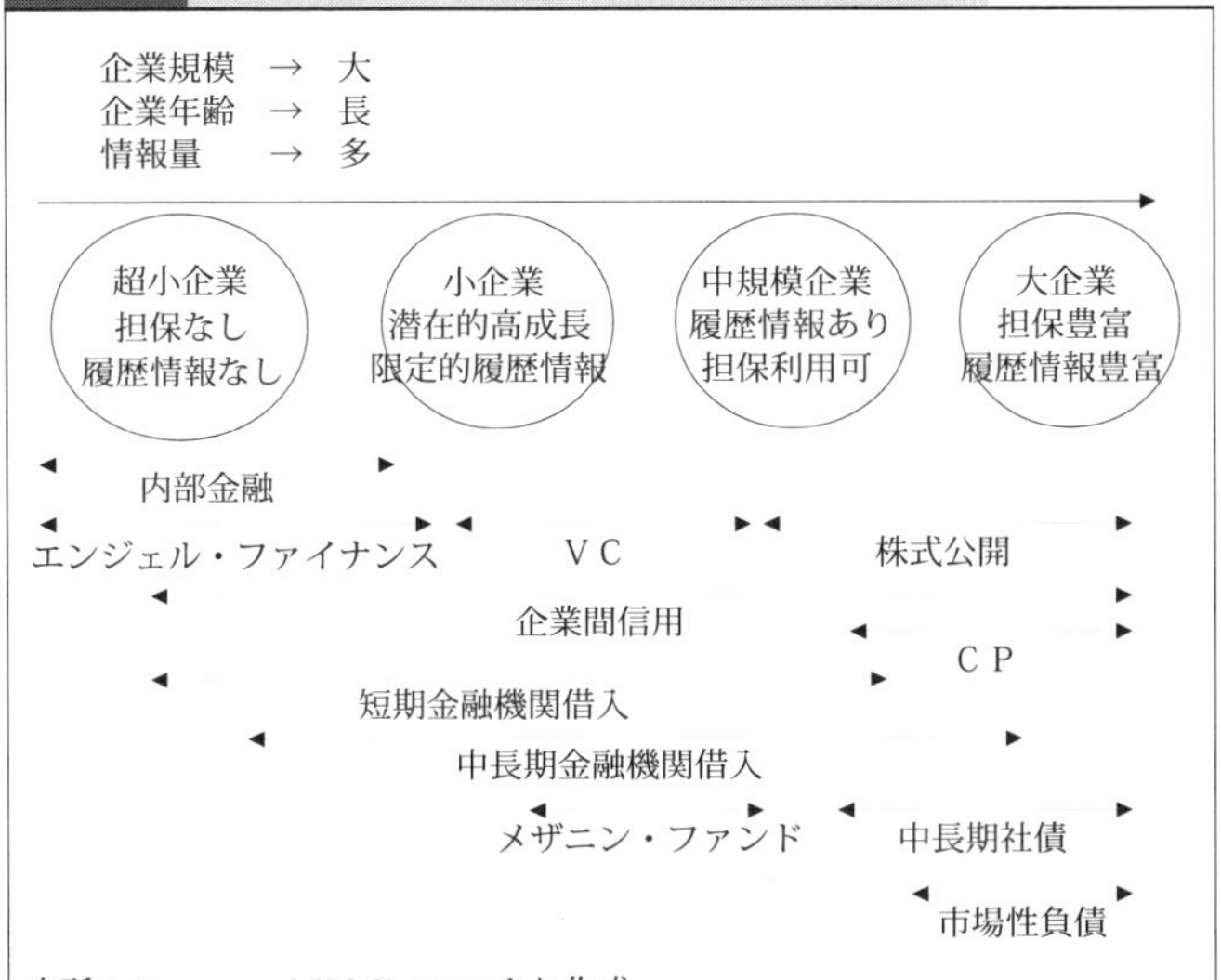

出所：Berger and Udell, 1998 より作成。

中小企業をイノベーションの担い手として注目すると、中小企業自身が技術革新・開発の担い手として活動する場合（新規創業）と、経営革新に取り組む場合（既存の中小企業の第二創業や新分野進出など）とが考えられる。資金の手当てとして考えると、新規創業の場合が、いわゆるベンチャー企業の立ち上げに該当し、資金調達が困難な場合だ。経営革新として既存企業が取り組む場合は、すでに業歴・財務諸表等があり、資金調達は金融のルールに準拠する可能性が高い。この点は、広く企業の発展段階と資金調達問題として認識されている（図1―1）。経営革新の場合には、金融機関の情報生産機能が重要であり、いわゆるリレーションシップ・バンキングの教えるところが支配的になる。

　つまり、ベンチャー企業の育成施策においては、中小企業金融という中小企業特有のリスクの情報生産機能が不可欠であり、そのリスク負担を補う信用補完制度・先駆的な直接融資制度・デット型ファイナンスではないエクイティ型ファイナンスにおける公的関与等が必要になる。

第2節　イノベーションの必要性

(1)　シュンペーターのイノベーション

経済学の歴史を踏まえるとき、イノベーションを経済発展の関連で重要視したのは、オーストリアの経済学者シュンペーターだ。シュンペーターは経済発展をもたらす原動力として「新機軸」をあげ、それを『経済発展の理論』で、「新結合」と呼んだ。この「新結合」が後に『景気循環論』ではイノベーションと置き換えられた。「新結合」とは、①新しい財貨（すなわち消費者の間でまだ知られていない財貨、あるいは新しい品質の財貨の生産）、②新しい生産方法（当該産業部門において実際上未知な生産方法の導入。これは決して科学的に新しい発見に基づく必要はなく、また商品の商業的取り扱いに関する新しい方法も含んでいる）、③新しい販路の開拓（当該国の当該産業部門が従来参加していなかった市場の開拓。ただし、この市場が既存のものなのかそうなのかは問わない）、④原料あるいは半製品の新しい供給源の獲得（この場合においても、この供給源が既存のものなのか――単に見逃されていたのか、その獲得が不可能とみなされていたのかを問わず――あるいは始めてつくり出さなければならないのかは問わない）、⑤新しい組織の実現（独占的地位（例えばトラスト化による）の形成あるいは独占の打破）だ（シュンペーター〔一九一二〕、邦訳、一八二～一八三頁）。シュンペーター〔一九三九〕では、「すでに使われている商品の生産についての技術上の変化、新市場や新供給源泉の開拓、作業のテーラー組織化、材料処理の改良、百貨店のような新事業組織の設立」を「革新（イノベーション）」と呼んでいる（邦訳、第一巻、一二二頁）。

後年、シュンペーターはイノベーションの担い手として後に大企業の研究開発能力・資金調達能力こそ重要との見解をもつに至ったといわれ、「大規模組織が経済進歩、とりわけ総生産量の長期的増大のもっとも強力なエンジンになってきた」と述べている（シュンペーター〔一九四二〕、邦訳〔一九六二年〕一九二〜一九三頁）。

(2) いま、イノベーションが必要なわけ

国際競争力ランキングからみて

日本の世界経済におけるポジションをみるとき、ＧＤＰの大きさなどの指標がある。ＧＤＰでは日本は永く世界第二位だった、近年中国に抜かれたものの、世界経済におけるプレゼンスは高い。しかし、ＧＤＰは規模を示すにすぎず、経済の中身は分からない。そこで注目されるのが、国際競争力という指標だ。スイスの国際経営開発研究所ＩＭＤ（International Institute for Management Development）と同じくスイスに本部を置く世界経済フォーラムＷＥＦ（World Economic Forum）は、国際競争力のランキングを公表している。この二つでは、「競争力」の内容が異なっており、ＩＭＤランキングは「企業の力（競争力）を保つ環境を創出・維持する力」として捉えているが、ＷＥＦランキングは「国の生産性のレベルを決定する諸要素」と定義している。ＩＭＤの調査対象が六〇ヶ国程度なのに対して（調査年度によって国の数は増加している）、ＷＥＦは一四〇ヶ国程度だ。

ＩＭＤランキングは、一九八九年から公表され、当初は四〇ヶ国程度が対象国だったが、最近は

図 1-2　IMD の日本のランキング

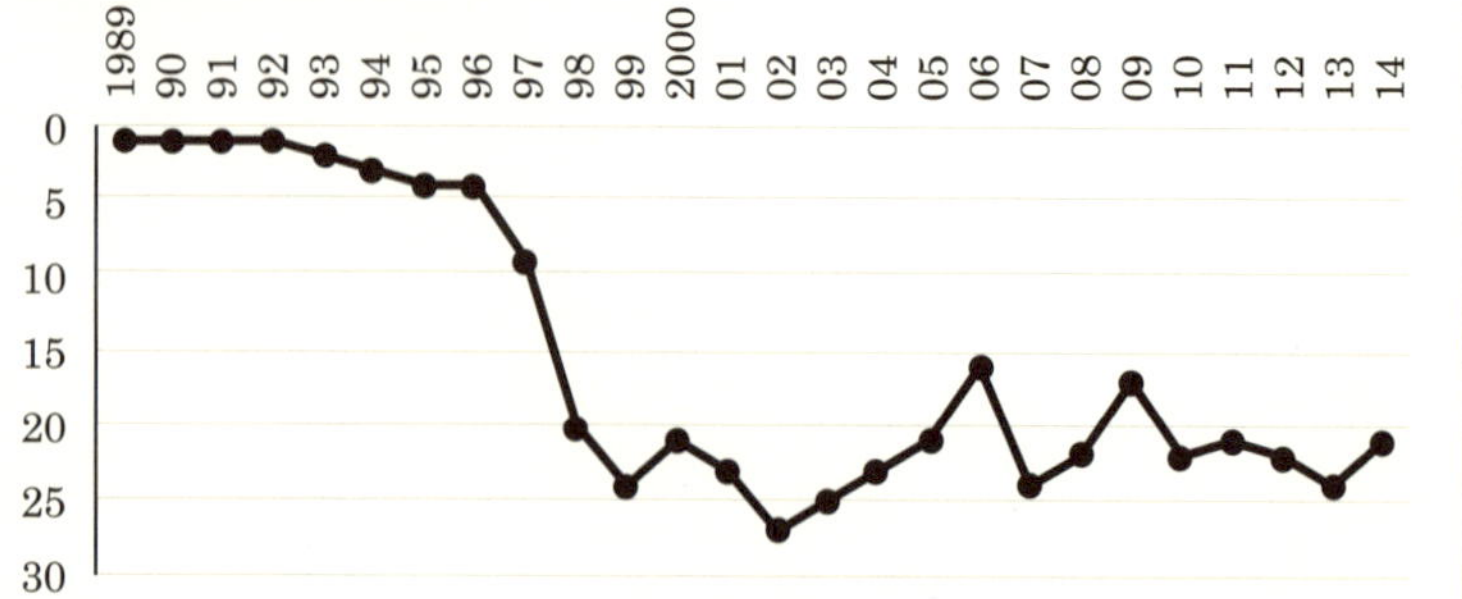

出所:『中小企業白書 2014 年版』187 頁より作成。

六〇ヶ国を対象としている。日本はランキングが公表された一九八九年から九二年までは一位だったが、九五、九六年の四位以降は著しく低下し、九九年が二四位、二〇〇二年が日本の最低ランキングとなった二七位だった。その後上昇、下降を繰り返し、昨年度は二一位だった。

日本のランキングが最低水準だった二〇〇二年当時、日本は当時の調査対象四九ヶ国の中で、各種調査項目のランキングが一位だったのは、国際収支・公的外貨準備・一人当りＲ＆Ｄ支出額・居住者への特許権付与数といった項目だった。一方、順位最下位の項目は、企業家精神・文化の対外開放度・貿易の対ＧＤＰ比率・公共事業契約の対外開放度・外国人を雇えない移民法制・株主の権利と責任の明確化・経済ニーズに合う大学教育だった。ほとんど最下位の項目は、企業の創業・産業用電力コスト・中央政府の財政赤字だった（表1―1）。このように、日本の研究開発は高水準なのに対して、それを企業化ないし創業することが困難と評価された。イノベーションに関連していえば、イノベーションの潜在性は非常に大きいものの、それを実現ないし経済の原動力として活用する仕組みが弱いということになる。ＩＭＤの二〇〇一年の評価では、研究開発は二位（一位はアメリカ）なのに対し、新規事業志向は四九位（一位は香港）、開業のし易さも四九位

表 1-1　日本の国際競争力の項目別ランキング

	強み	弱み	順位
1	国際収支	文化の対外開放度	49
1	金を含む公的準備（外貨・金保有高）	貿易の対 GDP 比率	49
1	1 人当り R&D 支出額	公共事業契約の対外開放度	49
3	**1 人当り民間 R&D 支出額**	外国人を雇えない移民法制	49
3	R&D への支出総額	株主の権利と責任の明確化	49
4	民間企業の R&D 担当者数の比率	**起業家精神の広がり**	49
4	国全体での R&D 担当者員数の比率	**企業の創業**	48
1	**居住者への特許権の付与数**	経済ニーズに合う大学教育	49
2	海外での特許権の防護	**産業用電力コスト**	48
2	**高等教育の普及度**	法人税率	46
2	稼働中のコンピュータ世界シェア	生活コスト指数	47
3	物品輸出の額	中央政府の財政赤字	48
6	間接税収入の GDP 比率の低さ	中央政府の国内債務	45
8	環境法制とその遵守	教育への公的支出	43
9	顧客満足を大事にしているか	雇用の増加	42
9	従業員教育の優先度の高さ	従業員の社会保障負担	39
10	生産的な労使関係	エネルギー消費の増加	39

出所：『中小企業白書 2014 年版』187 頁より作成。

（一位はアメリカ）であり、イノベーションの顕現化が日本の弱点とされていた。

このような評価に対応して、日本ではいかにイノベーションを実現するかが二〇〇〇年代以降政策課題となった。とくに、一九九九年に中小企業基本法が改正され、それまでの弱者救済的な中小企業政策から元気な中小企業を育成する方向に政策のスタンスが転換し、イノベーションの実現に舵が切られた。また、一九九八年には投資事業有限責任組合契約に関する法律が制定され、いわゆるベンチャー・ファンドの組成に関する法制が整備された。

「イノベーション25」

二〇〇六年の第一次安倍内閣は、「イノベーション25」という公約を掲げ、イノベーション担当大臣を置き、二〇二五年までを視野に入れた成長に貢献するイノベーションの創造のための長期的戦略指針である「イノベーション戦略25」を策定した。イノベーションの実現を政策の柱に据えたことで、イノベーションという言葉が一般化した。それまで経済界ではイノベーションは一般的だったものの、社会全体としての受け止め方は弱かった。筆者の所属する大学でも二〇〇五年に社会イノベーション学部を設立したが、高校など各方面での説明や受験界での案内で、このイノベーションの説明に苦慮した思い出がある。

「イノベーション25」戦略会議が設置され、その報告書は閣議決定となった（二〇〇七年六月一日）。その第3章「なぜ、今イノベーションか」には興味深い説明がある。

「日本のような人口減少国家の唯一の持続可能な経済発展の手段は生産性の向上であり、その源泉が、世界を視野に入れたイノベーションであることは論を待たない。そのためには個人の働き方、組織の体制、各種制度等に関し従来のやり方にとらわれることなく、新たな考え方に立脚することが必要である。すなわち、これからは個人個人の能力を高めるとともに、情報化社会の利点も活用した「外」、「異」との融合、協働を通じ各人が能力を最大限発揮し、新たな科学技術・サービスで新たな付加価値を社会に生み出し、その結果生活者の暮らし方等社会に変化がもたらされることがイノベーションであるという考え方を社会全体で共有し実践していくことで一人当りの生産性を向上させていくことが基本である。

幸い日本には、消費者の厳しい要求から生まれた高い品質を誇る技術がある。また、資源に乏しい国として常に省エネルギーに努めてきた結果、高いレベルの省エネルギー技術もある。これらの例に象徴されるように、課題はピンチでなく次の新しい技術を生むチャンスである。

高齢化する社会は、新しい需要を生み、それが新しい技術やサービスを牽引する原動力となり、結果として我々の生活をより豊かにし経済発展する可能性を秘めている。地球温暖化等グローバルな環境問題は、日本の強い環境技術をさらに高度化し、世界に発信するとともに、新しい国際的枠組み作りへの努力を促すチャンスである。日本がこれらの課題にチャレンジすることにより、経済成長やより豊かな国民生活を可能とするイノベーションが起こるのである」

と書いて、イノベーションが発展の源泉であることを論じた。イノベーションの重要性を説明したこの指摘はいまでも生きている。

この閣議決定文書は、その第1章で、

「イノベーションとは、技術の革新にとどまらず、これまでとは全く違った新たな考え方、仕組みを取り入れて、新たな価値を生み出し、社会的に大きな変化を起こすことである。このためには、従来の発想、仕組みの延長線上での取組では不十分であるとともに、基盤となる人の能力が最大限に発揮できる環境づくりが最も大切であるといっても過言ではない。そして、政府の取組のみならず、民間部門の取組、さらには国民一人ひとりの価値観の大転換も必要となる。したがって、イノベーションの創出・促進に関する政策は、従来の政府主導による「個別産業育成型」、「政府牽引型」から、国民一人ひとりの自由な発想と意欲的・挑戦的な取組を支援する「環境整備型」へと考え方を大きく転換していかねばならない」

と指摘して、イノベーションを単に技術革新と捉えるのでなく、新たな考え方・仕組みを取り入れて新たな価値を生み出し、社会を変革することとした点は注目しておいてよい。

(3) 中小企業への期待

この閣議決定「イノベーション25」は、第1章で「イノベーションの本質が既存の仕組みを大きく変えるものであることから、その担い手についても、既存の組織、体制だけを前提として考えるのではなく、ベンチャー企業、中小企業、さらにはNPO(非営利団体)、社会起業家等のより多種多様な担い手がイノベーション創出に向けた活動を展開し、その創出により深く関わっていけるような社会にしていかねばならない」と指摘している。すなわち、イノベーションの担い手としてベンチャー企業・中小企業をあげている。そして、第5章における政策のロードマップの中で、技術革新戦略ロードマップを掲げ、その最後に民間の研究開発活動として、「SBIR制度(米国のベンチャー企業向けの研究開発支援制度)をモデルとした新技術の事業化支援」をあげて、「技術革新に挑戦する中小・ベンチャー企業に対して、研究開発段階から研究開発の成果の事業化段階に至るまで一貫して支援するため、以下の取組を行う」とした。具体的には、「中小・ベンチャー企業への資金的支援の機会を拡大するため、二〇〇七年度以降、各府省別に中小・ベンチャー企業への特定補助金等の支出目標額を公表。ベンチャー企業を対象とする段階ごとの質の高い競争選抜による制度を二〇〇八年度から順次導入。各府省においてなされた資金配分の適正さや選抜の妥当性については、総合科学技術会議等における政府横断的な事後評価の実施等を検討」に加えて、「リスクマネー供給を実現する仕組みづくり」

として「企業の成長段階に応じた資金がより適切に供給されるよう、資金の供給主体を支援し、市場環境を整備するため、以下の取組を行う」とし、「民間投資家がベンチャー企業等への投資を行いやすくする環境の整備。新興市場等における適切な資金供給のため、知的資産経営情報の開示等を促進する方策を検討」をあげた。さらに、「将来を見据えた研究開発と事業化を支援するインフラの整備」として「新技術の事業化の効率性・確実性の向上のため、企業、ベンチャー・キャピタル、金融機関、研究開発独立行政法人、大学、行政等が協働して、長期的視点で経営面・資金面で支援する等、イノベーションを起こし続ける体制の構築に向けた検討を行う」としている。

このように、イノベーションを担う中小企業に対する政策支援が盛られている。

(4) 『中小企業白書二〇〇九年版』の指摘

中小企業のイノベーション

このような動きを受けて、中小企業に関する現状・課題・政策を整理する公式文書である『中小企業白書』はその二〇〇九年版で中小企業のイノベーションを取り上げている。以下では同『白書』の指摘を見てみよう。まず、

「イノベーションという概念は、先に述べたとおり、狭義の技術革新のみならず、新しい販路の開拓等も含めた広範なものである。イノベーションの概念の分類方法にはいろいろなものがあり、代表的なものは、新しい製品・サービスの開発を指す『プロダクト・イノベーション』と、生産方法

の改善を指す「プロセス・イノベーション」に分類するものである。また、既存の技術・知識等の延長上での小刻みな改善である「連続的なもの」と、これまで存在しない画期的な製品や生産方法を誕生させる「非連続的なもの」に分類することもある（クリステンセン〔一九九七〕は、前者を「持続的イノベーション」、後者を「破壊的イノベーション」と整理した。筆者記）。

　中小企業のイノベーションは、研究開発活動を通じた技術革新だけでなく、日頃からビジネスの種を探したり、生産工程の改善や経営資源の有効活用を考える中で生まれたアイディアや創意工夫がきっかけとなった事例も多く、広範なものである」（四六頁）

と指摘した。中小企業は大企業に比べて、経営組織がコンパクトなので、そのイノベーションにも特性があり、

「①経営者が、方針策定から現場での創意工夫まで、リーダーシップをとって取り組んでいること。

②日常生活でひらめいたアイディアの商品化や、現場での創意工夫による生産工程の改善など、継続的な研究開発活動以外の創意工夫等の役割が大きい。

③ニッチ市場におけるイノベーションの担い手となっていること。

　一方、大企業によるイノベーションについては、大規模な研究開発や、その成果が現れるまでに長期間を要する研究開発のプロジェクトに対し、その組織力を活かして多くの研究者や資金を投入し、イノベーションを実現していることが中小企業と比べた特徴と思われる」（四六頁）

と整理した。

経営者のリーダーシップによるイノベーション

『白書』は、①の経営者のリーダーシップによるイノベーションの例として、東京都中央区の㈱**ゴダック**（従業員六五人、資本金三、〇〇〇万円）をあげた（四七頁）。同社は、主に高級なアワビ、伊勢エビ等の水産物の開発輸入・販売を手がける貿易商社で、輸入の仲介を行うだけではなく、水産物の冷凍・解凍等の高度な技術を活用し、これまでに無い新しい食材を開発しており、いわば食のイノベーションに取り組んでいる。同社の商品は、レストランや料亭から高い評価を得て、「キャッツアイ・オイスター」というカキや、「紫式部」という伊勢エビなど、水産物の高級ブランドとして定着している。同社のレストランを営む家庭に生まれた荒谷公彦社長は、自らリーダーシップを発揮して、その舌で新しい美味しいものを探求し続けている。平日は外食がほとんどであり、五、六軒を一日で回ることもあるというほど、荒谷社長の食へのこだわりは強い。同社の強みは、美味しい水産物を厳選したうえで、その品質管理を徹底し、美味しさを保ったまま食卓に提供するノウハウにある。魚種・漁場の選択や、冷凍のタイミング、輸送や保管の際の温度管理、解凍の技術など、最適なものを組み合わせてこそ、はじめて開発輸入によって美味しい水産物を調達できるという。例えば、同社の商品の一つである「天使の海老」というニューカレドニア産の養殖エビは、水質、水温、細菌検査などを二四時間態勢で厳格に管理し、自然の餌だけで育て、また収穫も最も美味しい時期である一～七月に絞っている。収穫後は、同社の技術で冷凍し、日本に輸入する。こうした徹底した品質管理によって、同商品は、フランスの品質審査機関から、最高の食材であることを示す「クオリサート」の称号を付与されている。エビで同称号を受けたのは、世界で唯一だという。

日常生活の中でのアイディアから新製品を開発した例

『白書』は、日常生活からのアイデアを実現した例として、東京都千代田区の㈱**ナビット**（従業員三〇人、資本金一億六、八五〇万円）をあげている（四八頁）。この会社は、ビジネスとは無縁の二児をもつ母親のアイディアから誕生した企業だ。東京都内の地下鉄で、どの駅ではどの車両に乗っておくのが一番便利なのかを分かりやすく示した「のりかえ便利マップ」や、バリアフリーマップを開発したのに加え、スーパーの特売の情報を集めた、ネットのサイトと携帯電話向けサービス「毎日特売」の運営等を手がけている。同社社長の福井泰代氏が起業するきっかけとなった「のりかえ便利マップ」は、子育ての中でのひらめきから生まれたものだ。一九九五年の夏のある日、福井氏はベビーカーを押しながら、西日暮里駅のホームでエレベーター、エスカレーターを探して右往左往していた。荷物とベビーカーをもって階段を登り降りするのは重労働であり、また、足下がみえないため、大変危険に感じていた。そのとき、ホーム上で、「のりかえ便利マップ」のアイディアがひらめいた。そして、福井氏は都内の地下鉄二五六駅（当時）の全ての調査に乗り出した。駅の中のエスカレーター、エレベーター、トイレ、公衆電話などの位置や、別路線への乗り換えに便利な車両を丹念にメモしていき、「のりかえ便利マップ」の原形を作った。それをもとに、出版社五〇社以上に対して、粘り強く営業活動を行った結果、アルバイト情報誌への「のりかえ便利マップ」の掲載を実現した。

一九九七年に会社を設立した後、「のりかえ便利マップ」は東京都内の地下鉄で採用され、一躍注目を浴びた。同社の事業は順調に拡大し、二〇〇六年には、新たな事業として、新聞の折り込み広告にあるスーパーの特売の情報を、ネットのサイトと携帯電話からみることができるサービス「毎日特売」を始めた。これも、福井社長自身が、仕事と家事を両立する生活の中で、「仕事帰りの電車の中で、近所のスーパーの特売の情報をチェックできれば、帰り道での夕食の買い出しが効率的になる」とひらめいたことがきっかけで、立ち上げたものだという。


ニッチ市場のイノベーションを先導する企業

豊橋市の㈲ファインモールド（従業員六人、資本金三〇〇万円）は、第二次世界大戦時の飛行機や軍艦、映画やアニメに登場した飛行機等の精密なプラモデルの開発・製造・販売を行う中小企業だ。経済産業省「二〇〇七年元気なモノ作り中小企業三〇〇社」にも選定されている。同社の特徴は、実物の精密な再現に徹底的にこだわるところにある。新製品を開発する際、モデルが実物ならば、可能な限り実物や、写真、設計図等の資料、また、モデルが空想上の物ならば、撮影時の模型、設定資料等を取り寄せる。それらに基づき徹底して精緻に製作するプラモデルは、ニッチ市場を切り開いている。

例えば、第二次世界大戦時の軍艦ならば、当時の設計図や操縦マニュアルを探し出し、実物の七〇〇分の一というようにスケールを定めて、機銃や探照灯のような一つひとつの備品まで、精密に再現する。「軍艦の機銃の冷却襞《ひだ》」を高精度で再現するために、年間売上高の約二割に相当する価格で三次元レーザー加工装置を導入したこともあったほど、一見、利益度外視と思えるまでにこだわる。同社の鈴木邦宏社長は、「世の中に存在せず、自分がほしいと思う物を手がけることが重要」とし、自分自身がほしいと心の底から思う物を、世の中に送り出せば、顧客は「こんなものまで作ってくれるのか」と驚き喜び、そこに新しい市場が誕生するのだという。前述の「軍艦の機銃の冷却襞」の例でも、売り出してみると評判となり、売れ行きは好調だった。

こうした作り手の思いは、顧客のみならず、異なる分野の作り手にも評価されている。

もう一つの例——工業集積地の変化に対応し、独自製品の開発・製造に転換した中小企業

諏訪市の㈱松一（従業員七人、資本金一、〇〇〇万円）は、加工の難しい脆性材や難削材の微細な切削等を得意とする中小企業だ。一九二五年に創業し、諏訪地方に拠点を置く大手時計メーカーの下請として、時計の文字盤等に使用される部品の組み立てや加工の事業を営んでいたが、そうした事業を通じて培った微細な切削の技術を活かし、現在では、自社製品の開発・製造や、大学や企業の研究者等から試作品の製作を受注するなど、取引先を広げている。

同社のある諏訪市は、歴史の長い工業集積地の一つであり、戦後は、大手時計メーカーを中心として時計やカメラなど精密機械工業が隆盛した。しかし、一九八五年のプラザ合意後に円高が大幅に進み、大手時計メーカーが量産の拠点を海外に広げるなど、諏訪市の工業集積地にとって大きな試練が訪れ、地域の中小製造業者はコスト削減や技術力の強化等に取り組んでいった。

こうした中、同社は、それまで他社が手掛けていなかったような加工の難しい脆性材や難削材の微細な切削に対する挑戦を続け、同社独自の超精密加工機の開発に成功した。同社の超精密加工の技術力は、例えば、石英やサファイアのような脆い材料に、ねじ切りをしたり、溝加工や3D加工を施すことを可能としたことから、高い精度で加工された試作品を必要とする最先端の研究者から高い評価を得ており、口コミによって、受注が広がった。同社は、経営環境が大きく変化する中、下請け事業者として培った技術力を活かしながら、下請けから独自製品の開発・製造へと事業の転換を図り、新たな環境への適応に成功した好事例といえよう。

中小企業のイノベーションの特徴

中小企業は、「経営者と社員、部門間の一体感・連帯感」、「個別ニーズにきめ細かく応じる柔軟な対応力」、「経営における迅速かつ大胆な意思決定能力」を強みとしている。小さな組織を活かして、チームワークを高め、小回りを利かせて柔軟な対応力を発揮させ、経営者が機動的な判断やリーダーシップをとっている。他方、「規模の経済性を発揮」、「豊富な種類の商品・サービスの品ぞろえ」、「必要資金の調達力」等は中小企業の弱みと認識されている。中小企業によるイノベーションの特徴と、中小企業の強みとの関係を考えると、規模の経済性（スケールメリット）が働かないことや、資金調達力の弱さから、中小企業は、大規模な研究開発を推進することは難しいが、経営者がリーダーシップを発揮しつつ、従業員と一緒に一丸となって、イノベーションの実現に向けて創意工夫等に取り組んでいると考えられる。

『白書』は、イノベーションに向けて研究開発に積極的に取り組んでいる中小企業は、利益率が高い傾向にあり、中小企業にはその強みを発揮して、大企業の利益率をも上回る企業も実際に存在する、と分析した。図1―3は、財務省『法人企業統計』をもとに、大企業と中小企業の経常利益率の分布を示したものだ。平均的には中小企業の経常利益率は大企業よりも低いが、大企業と中小企業の上位一二％では中小企業の経常利益率が大企業を上回っている。その強みを存分に発揮する中小企業は、大企業をも凌駕する業績パフォーマンスをあげていると指摘した（五二～五三頁）。

第3節　元気な中小企業

近年、元気な中小企業が話題になっている。韓国・台湾のメーカーとの競争で苦戦を強いられている大手電機メーカーが多い中で、独自の技術で注目される中小企業は多い。有名なのは、「痛くない注射針」を開発した岡野工業だが、その他の例もみてみよう。

(1)「痛くない注射針」

東京都墨田区の岡野工業は、従業員数人の町工場だが、従来の注射針のようにパイプを細くするのではなく板金を巻いて造る新製法により、ステンレス板で長さが二〇ミリ、穴の直径が九〇ミクロン、外径が二〇〇ミクロンと、いわば蚊の針と同じ細さの「痛くない注射針」を開発したことで有名だ。世界シェア一〇〇％のオンリーワン企業だ。このほかに、ハイブリッドカー用電池の小型・軽量

図 1-3　企業規模別の売上高経常利益率の分布

〜上位 12％では、中小企業の経常利益が大企業を上回っている〜

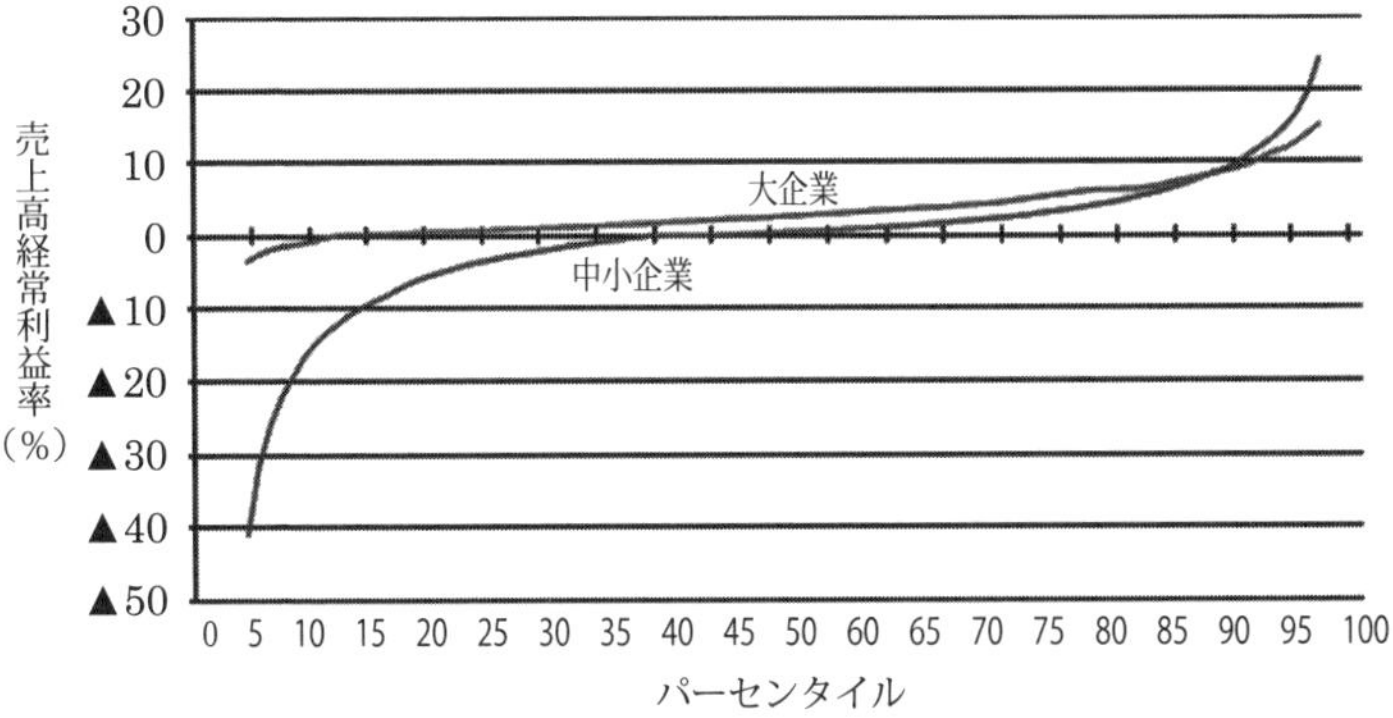

出所：『中小企業白書 2009 年版』第 2-1-9 図、53 頁より作成。

化のためには、リチウムイオン電池と、アルミニウムを一体成形した電池を収めるケースが必要になるが、岡野工業では一枚の金属の板を限界までプレスし、金属版を破断させることなく徐々に薄く深いケースに仕上げていく「精密深絞り技術」により、一枚のアルミニウム板から厚さ〇・八ミリメートル以下、加工精度一〇ミクロン（一〇〇分の一ミリメートル）の電池ケースを作ることに成功した。このように、岡野工業は長年の経験に基づいた職人ワザを活かしながら、たゆまぬ技術開発で新しい製法を生み出している。その活動から、中小企業庁の選定する「元気なモノ作り三〇〇社（二〇〇六年版）」に選ばれている。

　このような高度な技術を有する中小企業は多く、「元気なモノ作り三〇〇社（二〇〇六～二〇〇八年版）」や「戦略的基盤技術高度化支援事業（サポイン）」の事例があり、中小企業支援サイト「Ｊ-ｎｅｔ21」には広範な事例が紹介されている。

(2)　「はやぶさ」の快挙を支えた中小企業

二〇一〇年六月に小惑星探査機「はやぶさ」が、約七年の宇宙飛行を経て、小惑星「イトカワ」の物質をカプセルで地球にもち帰るという快挙は日本に元気をもたらした。この快挙の陰に、多くの中小企業の力があったことを『中小企業白書二〇一一年版』は「コラム2―1―6」で紹介している（九五頁）。「イトカワ」は太陽系誕生当時の状態を保っているとされることから、様々な元素の同位体比や結晶構造などの解析を通じて、太陽系の形成過程等の解明に迫る成果が得られる可能性があるというものだった。この「はやぶさ」の快挙は、ＴＶ番組でも広く取り上げられ、映画化も予定され、もち帰ったカプセルの展示には五〇万を超える来場者があり、社会現象となった。

このコラムによると、「はやぶさ」プロジェクトは、（独）宇宙航空研究開発機構（ＪＡＸＡ）の運営になるもので、そのサポートチームは機構とそれを支えた民間企業・大学など一一八機関で構成された。そのチームの約四分の一は中小企業が占めていた。探査機の可動部分の部品の潤滑剤の製造、サンプル採取装置の試作、弾丸射出（プロジェクタ）用金属加工部品の製造、探査機の中・高利得アンテナの開発・製造などを担当したという。

このように、宇宙開発に中小企業の技術が大いに貢献した。

(3)　「まいど一号」、「江戸っ子一号プロジェクト」

二〇〇二年一二月、東大阪で、厳しい不況の中、「苦しい時こそ夢をもたなアカン！」と職人集団が立ち上がり、「中小企業の技術力を結集して人工衛星を打ち上げよう」と東大阪宇宙開発協同組合を設立した。二〇〇九年一月二三日ＪＡＸＡのＨ―ⅡＡロケットの相乗りで種子島宇宙センターから人工衛星「まいど一号」が打ち上げられた。これは、中小企業による宇宙開発プロジェクトで、そのモノづくりの技を世界にアピールするものだった。これに宇宙機器の開発受注に結びつくなどの成果もあり、地域の活性化に寄与したプロジェクトだった。このプロジェクトは二〇一〇年四月には新たな宇宙プロジェクトとして人型宇宙ロボットに挑戦している。

二〇〇九年、この「まいど一号」に刺激を受けた東京都葛飾の杉野ゴム化学工業所社長が、「向こうが宇宙ならこちらは深海だ！」と決意した「江戸っ子一号プロジェクト」が始まった。「江戸っ子一号」プロジェクトは、無人深海探査機を下町の中小企業の手で作り出そうというもので、目的は、深さ八、〇〇〇メートルの深海（温度二度、水圧八〇〇気圧）での生物の撮影や海底の泥の採取だ。

その熱意を感じた東京東信用金庫の中小企業応援センターは、東京海洋大学、芝浦工業大学、海洋研究開発機構（ＪＡＭＳＴＥＣ）との連携を取り次ぎ、また、趣旨に賛同した中小企業が参集して、二〇一一年に「江戸っ子一号プロジェクト」推進委員会が発足された。翌年、コア企業四社（参加企業七社）、ＪＡＭＳＴＥＣ、東京海洋大学、芝浦工業大学、東京東信用金庫による共同開発契約書が調印された。協賛等を含めると一七企業・団体が参加した。

そして二〇一三年、数度におよぶ実験を経て、房総沖二〇〇キロメートルでＪＡＭＳＴＥＣの調査船「かいよう」から日本海溝へ完成した探査機・江戸っ子1号を投下。回収の結果、約八、〇〇〇メートルという超深海の魚類などの３Ｄハイビジョンビデオ撮影に見事成功した。安価で操作しやすい探査ロボットの開発と３Ｄハイビジョンによる深海魚の撮影は世界初の快挙だった。この探査ロボット

図1-4 「江戸っ子1号」プロジェクトの推進体制

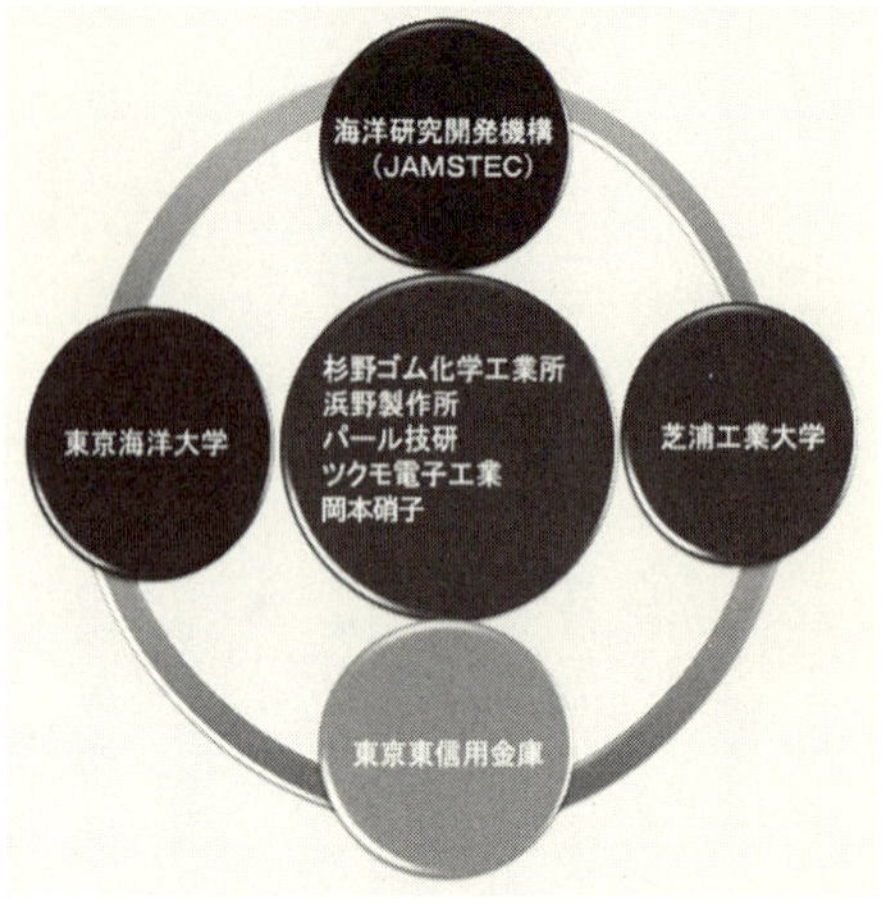

出所：http://edokko1.jp/ より作成。2014年7月20日アクセス。

は、八〇〇気圧に耐えるため真円のガラス球に装置を組み込んだもので、八、〇〇〇メートルの超深海まで錘の力で自由落下し、海底でビデオ撮影や泥の採取を行った後、海上の支援船からの音波による指令に従って錘を切り離して海面に浮上し、海上ではGPSで自分の位置を把握して、衛星通信によって支援船に位置を通報して回収される。

この「江戸っ子一号」プロジェクトは、第一七回信用金庫社会貢献賞会長賞（二〇一四年）を受賞した。

(4)「葉っぱビジネス㈱いろどり」

元気な中小企業というと、技術・技能に優れたハイテク製造業を思い浮かべるが、ローテクでかつ一次産業でも元気な企業がある。「葉っぱビジネス」で有名な徳島の過疎地（上勝町）にある**㈱いろどり**だ。徳島県上勝町は、徳島市中心部から車で一時間ほどに位置し、人口は一、八四〇人八六三世帯（二〇一三年一〇月一日現在）、高齢者比率が四九・五七％という、過疎化と高齢化が進む町だが、全国でも有数の地域活性型農商工連携のモデルとなっている。人口の減少と主な産物だった木材・温州みかんが輸入自由化等により苦闘していた時期の一九八一年二月に起きた寒波によりみかんが枯れ、主要産業がなくなるという未曾有の危機を乗

図 1-5　葉っぱビジネス

出所：葉っぱビジネス（株）いろどりホームページより。http://www.irodori.co.jp/。

り越え、「葉っぱ（つまもの）」を中心にした新しい地域資源を軸に地域ビジネスを町ぐるみで行い大成功を収めている。

上勝町は、八一年の寒波被害を乗り切るため、軽量野菜を中心に栽培品目を増やすなどの農業再編成を行い、季節的要因の少ない椎茸に特化して、年間売上約五億円までにした。さらに、町の半数近くを占める高齢者が活躍できるビジネスとして「つまものビジネス」である「葉っぱビジネス」が一九八六年にスタートした。「つまものビジネス」は、日本料理を美しく彩る季節の葉や花、山菜などを、栽培・出荷・販売する農業ビジネスで、当時農協職員だった横石知二氏（現・㈱いろどり代表取締役社長）が、「彩（いろどり）」と名づけてスタートした。「つまもの」の種類は三二〇以上あり、一年を通して様々な葉っぱを出荷している。

「葉っぱビジネス」のポイントは、商品が軽量で綺麗で、女性や高齢者でも取り組めることで、二〇一四年現在の年商は二億六、〇〇〇万円、中には、年収一、〇〇〇万円を稼ぐおばあちゃんもいる。一見一次産業でありITとは無縁と思えるビジネスだが、これを支えるのはパソコンやタブレット端末でみる「上勝情報ネットワーク」からの情報がポイントになっている。農業だからといって、決まった数量を毎日出荷するのではない。おばあちゃん達はパソコンやタブレット端末を駆使し、「上勝情報ネットワーク」から入る全国の市場情報を分析して自らマーケティングを行い、栽培した葉っぱを全国に出荷する。「上勝情報ネットワーク」では自分が町彩部会で何番目の売上げを上げているかの順位が分かるようになっているなど、農家のやる気を出させる「ツボ」をついた情報を提供しているという。「葉っぱビジネス」を支えているのは、ＩＴなのだ。

高齢者や女性達に仕事ができたことで出番と役割ができ、元気になり、町の雰囲気も明るくなり、「葉っぱビジネス」の仕事が忙しくなってきて、老人ホームの利用者数が減り町営の老人ホームはなくなったといい、「忙しゅうて、病気になっとれんわ！」というおばあちゃんもいるという。「葉っぱビジネス」が、二〇一二年秋映画『人生、いろどり』になり、全国一五万人が来場、上映が続いているほか、来町者の数や、葉っぱの販売数も伸び、また二〇一三年一二月二五日にはＤＶＤの販売も開始された。

第4節　産業史を彩る中小企業のイノベーション

日本の経済発展を支えたイノベーションを担った中小企業は多数あり、現在大企業に成長した企業も多い。明治・大正・昭和の経済人は、実はベンチャーだった。鉄道や道路を建設し、鉄や化学製品を作り、発電所を建設し、近代日本の基礎を築いた経済人だ。彼らは、無から有を為し、巨大企業を興し、産業といえば農業しかなかった極東の島国を経済大国に見事に設計し直した。ベンチャーであるイノベーターたちが、近代日本の礎を築いた。現在の大企業も、初めはベンチャー企業であり、中小企業であった。

「J-net21」（中小企業ビジネス支援サイト）は、明治・大正期の起業家事例として、味の素の鈴木三郎助、阪急の小林一三、岩波書店の岩波茂雄、第一銀行等の澁澤栄一、三井の三野村利左衛門、三菱の岩崎弥太郎、鈴木商店の金子直吉、東武鉄道の根津嘉一郎、仁丹の森下博、日立の小平浪平、九電力体制を作った松永安左エ門、東急の五島慶太、旭化成の野口遵などを紹介しており、そのエピソードは大変興味深い。

戦後復興の時代には、ソニー㈱、本田技研工業㈱等の製造業者が中小企業として創業した。高度成長期や安定成長期には、セコム㈱等の新たなニーズに対応したサービス業も興隆し、いまでは我々の身近な商品・サービスとして定着したものには、中小企業が生み出したイノベーションが数多い。『中小企業白書二〇〇九年版』はコラム2―1―1（五四頁）でその例を紹介している。

(1) 戦後復興期の代表例

この時期の代表的な会社をあげるとしたら**㈱ソニーと本田技研工業㈱**だ。ソニー（トランジスタラジオ、ヘッドホンステレオ、従業員一四万（連結）人、資本金六、三〇九億円）は、一九四六年に東京通信工業㈱として、資本金一九万円・従業員約二〇人で創業した。「人のやらないことをやる」というチャレンジ精神のもと、小型トランジスタラジオやヘッドホンステレオの「ウォークマン」など、数々の日本初、世界初の商品を生み出し、〝ＳＯＮＹ〟のブランドを世界中で確立した。創業者の井深大・盛田昭夫の偉業は大きい。また、本田技研工業（自動二輪車「スーパーカブ」、四輪自動車、従業員二万二、〇〇〇人、資本金八六〇億円）も、一九四八年の創業で、自転車補助エンジンの製造から事業を始め、自動二輪車に参入し、ロングセラーとなる「スーパーカブ」などヒット製品を次々と生み出した。一九六〇年代に四輪車に参入し、世界各国で事業を展開し、グローバル企業へと成長した。創業者の本田宗一郎・藤沢武夫のコンビは有名だ。

(2) 高度成長・安定成長期の例

この時期の代表的な会社をあげるならば、**セコム㈱のほか、㈱明光商会、東洋自動機㈱、鈴茂器工㈱、㈱ソクハイ**だろうか。

セコム（警備保障サービス、従業員一万四、〇〇〇人、資本金六六三億円）は、一九六二年に、我が国初の警備会社である日本警備保障㈱として設立された。創業の社名にある「警備保障」という言葉は、火災や盗難などの警備を請け負い、事故が生じたときには損害を賠償する仕組みを意味する言葉として、いまでは広く用いられているが、もともとは、同社がその設立に当り、安全保障の「保障」と損害補償の「補償」の二つの意味を込めて作った造語だ。同社は、東京オリンピックの選手村の警備（一九六四年）や、テレビドラマ「ザ・ガードマン」（一九六五年）を機に大きく飛躍し、現在ではセコムの食、損保会社、日本初の民営刑務所などグループ全体で、事業所約八〇万件、家庭約四〇万件と契約する大企業へと成長した。創業者は飯田亮・戸田寿一だ。

明光商会（シュレッダー、従業員一三三〇人、資本金三五億円）は、一九六〇年にシュレッダーを世界で初めて開発した企業だ。同社は、当初、現像液を販売する中小企業だったが、「やがて企業が機密書類の保管に困る時代が来るはず」という問題意識の下、立ち食いそば屋で「紙もうどんのように細長く切れば読めなくなる」とシュレッダーの原理をひらめき、シュレッダーを商品化した。その後、機密情報の管理への社会の意識が高まり、シュレッダーへの需要は増加。現在、同社は、「国家機密から心の秘密まで」をキーワードに、アメリカ国防総省への納入実績をもつ、シュレッダーのトップ企業として活躍している。

東京都港区の東洋自動機（レトルトカレーの自動充填包装機、従業員一八八人、資本金二億四、五〇〇万円）は、自動計量機・各種包装機等の開発、製造、販売を手がける中小企業だ。レトルト食品等の自動充填包装機を開発しており、一九六九年に全国販売された日本初のレトルトカレーの開発に携わった。近年は、液体ゼリースパウトと称される口栓付の新型パッケージの充填包装機でも高いシェアを誇る。

東京都練馬区の鈴茂器工（寿司ロボット、従業員二七七人、資本金六億円）は、寿司ロボット等の米飯加工機などの製造販売を手がける企業だ。国の減反政策をきっかけに、我が国の米飯文化を活性化させたいと一念発起し、一九七七年に米飯加工機の開発に着手、一九八一年には我が国初の寿司ロボットの開発に成功した。一九八七年には、大手ハンバーガーチェーンと共に「ライスバーガー」を商品化した実績もある。現在、同社は、「米飯主食文化を世界へ」を企業理念として掲げ、グローバル展開に取り組んでおり、各国の食の嗜好に合わせて、米飯加工機もカスタマイズするなど、創意工夫を重ねている。

ソクハイ（バイク便、従業員一九七人、資本金一億一、八五〇万円）は、自動二輪車を利用した宅配便であるバイク便のサービスを提供する中小企業だ。一九八二年、ニューヨークのメッセンジャー（自転車を利用した宅配便）をみて、アイディアをひらめき日本で初めてバイク便の事業を開始した。東京は、ニューヨークと異なり、丸の内、新宿、品川というようにビジネス街が何ケ所にも分散しているため、自転車よりも自動二輪車の方が適切と考えたという。バイク便は、渋滞下でも迅速に書類等を配送できるため、スピードが重視される現代のビジネスに欠かせないサービスとして定着している。

第2章

中小企業の支援体制——法的側面

第1節　中小企業基本法の改正

(1)　中小企業の二つのカテゴリー

すでにみたように、産業構造的にみると、中小企業には大まかに二つのカテゴリーがある。一つは、経済を牽引するリーディング・インダストリーに対して部品供給・周辺製品を供給する等を行う企業群(サプライヤー)や、リーディング・インダストリーの製造を支える基盤技術をもつ幅広い裾野産業(金型、鍍金、プレス、鋳造、鍛造、冶金等)、すなわちサポーティング・インダストリーというカテゴリーだ。この関係を「二層構造(2-Tier system)」と呼ぶ(後述の「二重構造」とは区別している)。もう一つは、従来の産業ないし企業を超克する技術をもったイノベーティブな存在としてのベンチャー企業というカテゴリーだ。

日本経済の現状に即して整理してみよう。第二次大戦後の日本経済における中小企業の役割としては、経済復興期・高度経済成長期に経済を主導したのは、輸出貿易を担うリーディング・インダストリーを構成する大企業であり、産業政策はもっぱら大企業の振興・支援に軸足が置かれていた。そのような状況のもとで、中小企業は高度成長を主導する大企業のサポーティング・インダストリーとして機能してきた。いわゆる、下請け関係・系列関係などがその実態で、大企業からの注文を受けなどて機能し、大企業と共に中小企業も歩んできた経緯がある。その中で、中小企業は大企業の下請け関係から、その弊害を蒙り、種々の格差、不利な状況を強いられることになった。

これは、「二重構造問題」ないし「二重構造論」として知られるもので、その是正が中小企業政策の課題となり高度成長期の真只中の一九六三年に「二重構造」の是正、経済取引上の不利の是正、下請け関係の弊害等を克服することを意図して、中小企業基本法が制定されたと整理できよう。

これに対して、中小企業は大企業の下請けに留まらず、独立して新たな分野を開拓していく存在として認識されたのが、ベンチャー企業である（清成忠男氏によって作られた造語。英語ではスタートアップ〔startup〕）。新技術や高度な知識を軸に、大企業では実施しにくい創造的・革新的な経営を展開する中小企業を指す。日本では、ほぼ一〇年おきに三回にわたってベンチャー・ブームが起こった。
①一九七〇年代の第一次ベンチャー・ブーム
一九六三年の中小企業投資育成会社の設立、日本証券業協会が店頭登録制度（店頭市場――現在のＪＡＳＤＡＱ）の創設等により、ベンチャーの創業が活発化し、株式公開を果たした企業もあった。一九七一年に日本ベンチャー・ビジネス協会が設立され、一九七五年に現在のベンチャー・エンタープライズ・センター（ＶＥＣ）へ吸収され、新しい組織となった。
②一九八〇年代の第二次ベンチャー・ブームエレクトロニクス、メカトロニクスなどのハイテクブームを背景として、ベンチャーの創業が活発化し、ベンチャー・キャピタルの設立が増加した。
③一九九〇年代末から二〇〇〇年以降の第三次ベンチャー・ブーム
経済構造の変化、情報技術（ＩＴ）の進展、規制緩和などを背景として、創業が活発化。ベンチャー企業孵化施設としてのインキュベーターの整備と普及。大学発ベンチャーの出現等があった。

(2) 中小企業基本法

日本の中小企業政策の基礎は、中小企業基本法だ。図2―4にみるように、戦後日本の中小企業支援は、中小企業政策の司令塔となる中小企業庁の設置、政策金融機関・商工会議所をはじめとする多くの支援機関・組織の体制整備と、その活動によって中小企業支援を行うという法整備によっている。その過程で、中小企業を経済の中に位置づけ、その支援を明確化する基本法が一九六三年に制定された中小企業基本法で、同年に制定された中小企業近代化促進法と並び、中小企業政策の骨格を担った。

中小企業基本法は、日本の法体系の中で、中小企業施策についての基本理念や基本方針等を明確に規定したもので、その第一条の「政策の目標」で、「中小企業の経済的社会的制約による不利を是正するとともに、中小企業の自主的な努力を助長し、企業間における生産性等の諸格差が是正されるように」という格差の是正ないし経済的弱者としての中小企業の「成長発展を図り、あわせて中小企業の従事者の経済的社会的地位の向上に資する」ということに、その焦点を当てていた。

この点は、基本法の前文の中にある「しかるに、近時、企業間に存在する生産性、企業所得、労働賃金等の著しい格差は、中小企業の経営の安定とその従事者の生活水準の向上にとって大きな制約となりつつある」という認識と平仄を合わせるもので、中小企業という経済的に劣後している存在への支援を謳い、いわゆる「二重構造」問題への対応を念頭に置いたものともいえるものだった。

この前文は、中小企業の存在意義、その経済的地位、それに対する政策目標を謳った格調高い文章だった。その中には「特に小規模企業従事者の生活水準が向上するよう適切な配慮を加えつつ、中小企業の経済的社会的制約による不利を是正するとともに、中小企業者の創意工夫を尊重し、その自主的な努力を助長して、中小企業の成長発展を図ることは、中小企業の使命にこたえるゆえんのものであるとともに、産業構造を高度化し、産業の国際競争力を強化して国民経済の均衡ある成長発展を達成しようとするわれら国民に課された責務である」というフレーズがあり、これは、改正後の理念にも合い通じるものがある。

このように、一九六〇年代の高度経済成長期に「二重構造論」で指摘された諸々の格差の存在、貿易為替の自由化による開放経済体制への移行等を踏まえて、中小企業の成長を図ることは「産業構造を高度化し産業の国際競争力を強化して国民経済の均衡ある発展を達成」するための責務であるとの認識が、中小企業基本法の制定に至った。基本法の成立によって、それまでは施策の対象となる中小企業は施策毎に定められていたが、中小企業の定義が整備され、従来の施策が基本法体系の下での位置付けが与えられて、基本法の考え方にしたがって個別政策が実施されるようになった。

(3) 中小企業基本法の改正

二一世紀を目前に経済の変化に対応すべく、中小企業基本法の全面改正が検討された。これは、それまでの中小企業政策と一線を画す重要な政策転換ともいわれている。一九九八年七月に中小企業政策研究会（座長は清成忠男）が設置され、グローバル化・少子高齢化などの経済構造の変化の中で、①二重構造の格差是正という政策理念が経済実態と乖離していないか、②過去には効果的だった政策が陳腐化していないか、③既存政策に上積みする政策対応が硬直化していないか、などが検討された。そこでは、二一世紀の中小企業像として、中小企業を「弱者」として画一的なマイナス・イメージで捉えるのはもはや不適切で、「機動性、柔軟性、創造性を発揮し、我が国経済の「ダイナミズム」の源泉として」かつ「自己実現を可能とする魅力ある雇用機会創出の担い手として・・・積極的な役割が期待される存在と位置づけられているべき」と考えた。

そこでの中小企業の役割とは、①市場競争の苗床、②イノベーションの担い手、③魅力ある就業機会創出の担い手、④地域経済社会発展の担い手、であることと結論づけた。そのうえで政策の目標として、競争条件の整備、創業や経営革新に向けての中小企業者の自助努力支援、セーフティネットの整備、をその報告の中で挙げた（通商産業政策史編纂委員会〔二〇一三〕一二二一～一二二三頁）。

改正基本法の目的は、「中小企業に関する施策について、その基本理念、基本方針その他の基本となる事項を定めるとともに、国及び地方公共団体の責務等を明らかにすることにより、中小企業に関する施策を総合的に推進し、もつて国民経済の健全な発展及び国民生活の向上を図ること」（第一条）だ。この目的は普遍的かつ一般的であるため、改正基本法は第三条で「基本理念」を掲げて、「中小企業については、多様な事業の分野において特色ある事業活動を行い、多様な就業の機会を提供し、個人がその能力を発揮しつつ事業を行う機会を提供することにより我が国の経済の基盤を形成しているものであり、特に、多数の中小企業者が創意工夫を生かして経営の向上を図るための事業活動を行うことを通じて、新たな産業を創出し、就業の機会を増大させ、市場における競争を促進し、地域における経済の活性化を促進する等我が国経済の活力の維持及び強化に果たすべき重要な使命を有するものであることにかんがみ、独立した中小企業者の自主的な努力が助長されることを旨とし、その経営の革新及び創業が促進され、その経営基盤が強化され、並びに経済的社会的環境の変化への適応が

図 2-1　中小企業政策の変遷

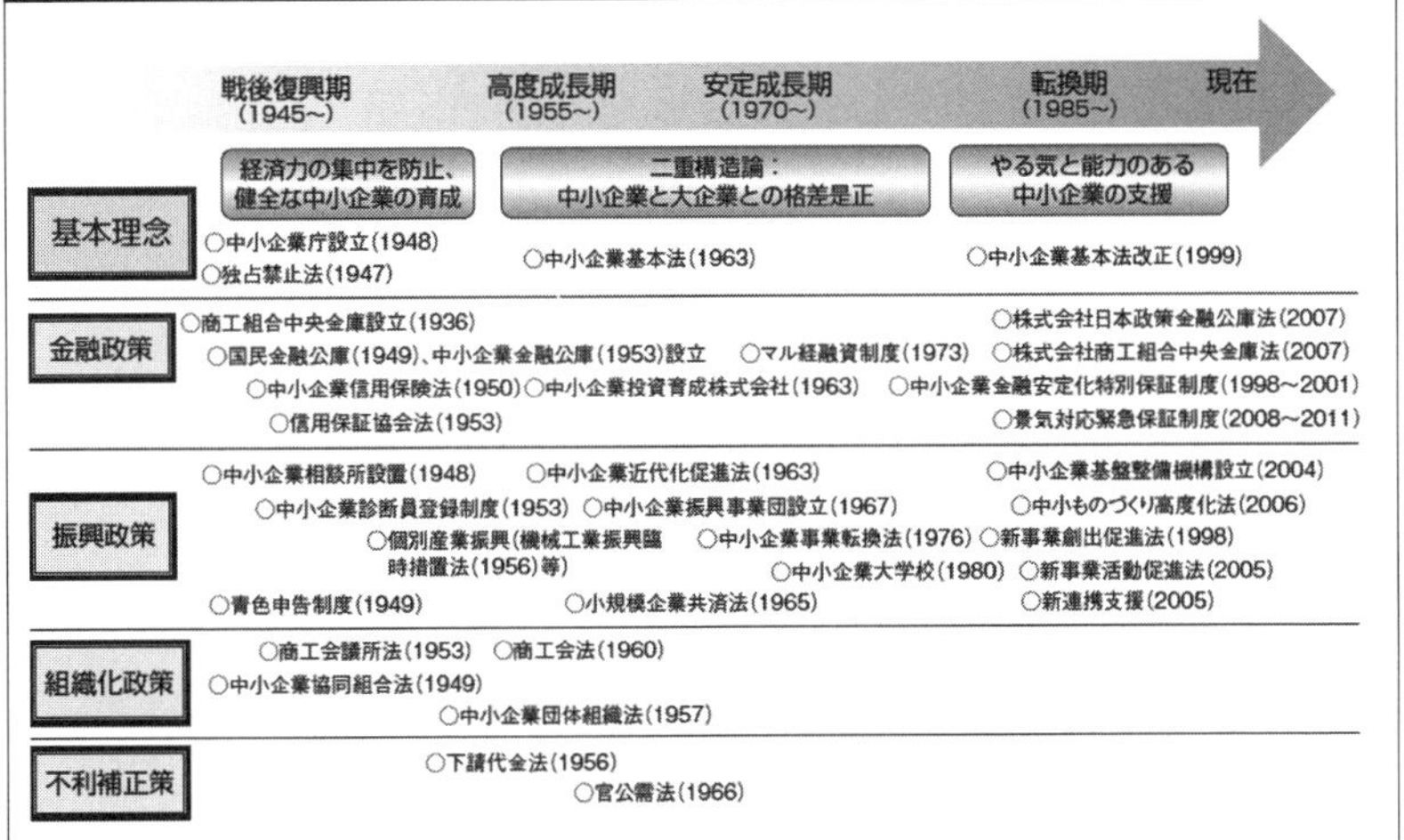

出所：『中小企業白書 2011 年版』第 2 部第 1 章第 1 節 2 より。

円滑化されることにより、その多様で活力ある成長発展が図られなければならない」（この経営の革新が官庁的にはイノベーションである）ことを強調している。

この理念は、改正前の基本法における第一条の「政策の目標」にあった「中小企業の経済的社会的制約による不利を是正するとともに」という表現を削除し、格差の是正ないし経済的弱者としての中小企業の「成長発展を図り、あわせて中小企業の従事者の経済的社会的地位の向上に資する」ことに立脚するものだった。

(4)　改正基本法の理念

一九九九年基本法改正は、改正前基本法が経済的に劣後する中小企業という弱者救済的色彩の強い理念に立脚していたのに対し、①不確実性の増大、②多様性と創造性の重要性の増大、③少子高齢化の進展と環境エネルギー制約の増大、④情報化の進展、という経済環境の変化の下で、経済社会の新たな担い手、創意工夫を活かし、経営革新・創業に意欲的な独立した存在としての中小企業、「やる気と能力のある」中小企業に軸足が移ったともいえる。いわゆる弱者救済的な社会政策型施策から自助努力を支援する競争促進型施策へとその重点を移すものだった（無論、中小企業研究者からは多くの反対論があった。黒瀬〔二〇〇六〕、三井〔二〇一一〕ほか）。

改正前基本法が、中小企業の底上げ重視だったとすると、改正基本法は元気なそしてイノベーティブな中小企業を重視し、その主導で中小企業全体を引っ張り上げていこうというものだ。大企業との格差是正から、選択と集中による支援という方向に舵が切られたもので、「弱者保護としての中小企業政策アプローチの脱却」というフレーズがそれを象徴している。

このような中小企業基本法の理念の変化が、その後の政策の拠って立つ基盤になるものの、中小企業全般に対する政策的配慮が不足しているとの批判もあった。とくに小規模企業への対応不足が認識され、より包括的な理念を示す必要があるという論調もあり、例えば「中小企業憲章」制定の必要が各方面から提起された。とくに、一九九九年改正基本法及びその後の諸施策が、中小企業の中でも比較的大きな企業（中規模企業）などに焦点があてられがちで、小規模企業にしっかりとした焦点を当てる政策体系とはなっていない。改正基本法第八条に「小規模企業への配慮」があるが、小規模企業対策を個別施策として講ずるのではなく、中小企業施策全般にわたって配慮すべきという観点から総則に規定したにすぎず、中小企業施策全般についてその実施時において個々の施策の性質に応じて配慮すべき事項とした。いわゆる「配慮規定」に留まっている。

したがって、小規模企業にしっかり焦点を当てた施策体系への再構築が重要な課題となっており、現行基本法の下における小規模企業の実情に応じたきめ細かな支援の必要性が課題になっている。改正前基本法では、二重構造の底辺の引き上げに重点があったが、改正基本法では小規模企業層が創業や成長の苗床として機能するよう支援するという観点からの支援が、具体的には盛られていない。そこで、次節に述べるように小規模企業振興基本法が二〇一四年六月に制定された。

第2節　小規模企業の活性化——小規模企業振興基本法の制定

(1)　〝ちいさな企業〟未来部会とりまとめ

改正中小企業基本法の問題点は、中小企業の九割にも及ぶ小規模企業への政策対応が十分ではなかったことだった。この点につき、小規模企業に関する研究会などが設置されたが、本格的な検討は、中小企業政策審議会〝ちいさな企業〟未来部会まで待つことになる。二〇一二年三月〜六月に開催された、〝日本の未来〟応援会議―小さな企業が日本を変える―の取りまとめ・提言（同年六月）を受けて、中小企業政策審議会に「小さな企業に焦点を当てた総合的な中小企業政策のあり方について意見を求める」旨の諮問がなされ、五度の審議を経て、二〇一三年三月二九日に同部会の「取りまとめ」が公表された。

その問題意識は、「中小企業・小規模企業政策の再構築に当っては、これまでの政策のあり方を真摯に見直し」、とくに「小規模事業者にしっかりと焦点を当てた施策体系へと再構築することが重要」というものだ。こうした観点から、前述のように、中小企業基本法における小規模企業の位置づけの精緻化・強化を検討・実施すべき、というのが基本とされている。小規模企業は、中小企業全体の約九割（中小企業数三八五万社のうち、小規模企業数は三三四万社で、八七％のシェアだ）を占めるにも拘らず、その経営資源は脆弱で、とくに、近年、企業数・従業者数が中規模企業に比べて減少の度合いが大きい。

中小企業は量的にも質的にも日本経済を支える重要な存在であり、「とりわけ小規模企業は、地域の経済、社会、雇用をしっかりと支える存在としての役割に加え、今後、グローバル企業に成長するなど、日本経済を牽引しうる企業の「苗床」としての役割を有している」と位置づけられた。しかし、前述のように、中小企業基本法では、とくに改正基本法では、「配慮すべき対象として」一律に捉えられてきた。そこで、小規模企業の新たな位置付けの必要性があり、①予算配分における小規模企業への適切な配分、②小規模企業が中規模企業に成長発展するための政策の連続性、③小規模企業と中小企業全体の課題の重複性のある部分の一元的な政策遂行、を掲げた。

先の「取りまとめ」は、「小規模企業の中には、地域に根ざして経済や雇用の下支えを指向するものや、グローバル市場の獲得を目指して事業拡大を指向するものなど、大企業に依存せず収益・雇用面において潜在力を発揮する企業が存在する。様々な段階、形態、指向を有し、極めて多様である小規模企業者は、新たな需要への迅速な対応が可能であり、新たなビジネスの創出の担い手となりうる可能性を有している。小規模事業者こそが、創意工夫や機動力といった強みを活かし、日本経済の未来を先導する担い手たりうるのである」と、小規模企業の可能性を高く評価している。

(2) 小規模企業の理念・施策の方針・定義の弾力化、中核となる政策課題

表 2-1　起業家の平均年齢

西暦（年）	1997	98	99	2000	01	02	03	04	05	06	07	08	09	10	11
年齢	39.6	40.2	40.9	41.6	41.8	40.9	41.4	42.6	43.0	42.9	41.4	41.5	42.1	42.6	42.0

出所：『2011 年度新規開業実態調査』日本政策金融公庫より作成。

未来部会の「取りまとめ」では、小規模企業政策の遂行のためには、小規模企業に関する基本理念の明確化が必要で、『『地域経済の安定』及び『我が国経済社会の発展』に寄与するとの重要な意義を、中小企業基本法の基本理念に位置づけるべきである」とし、基本法上で明確化することが必要としている。併せて、小規模企業に意義を踏まえて、その事業活動の活性化等を、「施策の方針」に規定すべきとしている。

施策を実施するには、小規模企業の定義が明確でなければならず、その「定義の精緻化・強化する観点から、小規模企業者を支援対象とする個別法において政令委任規定を設け、小規模企業の業種毎のきめ細かなニーズに柔軟に対応して従業員区分を拡大できる、弾力的な仕組みとすることが適切」としている。

未来部会「取りまとめ」の特徴は、「今後の中小企業・小規模事業者施策の中核となるべき政策課題の基本法への位置づけ」を明確にしている点だろう。それらは、①女性や青年による創業の促進、②経済のグローバル化に対応した海外展開等の促進、③情報通信技術の活用の推進、④事業承継の円滑化、だ。これらはいずれも妥当なものだろう。

これを受けて、経営支援体制（「知識サポート」の抜本的強化）、人材、販路開拓・取引関係、技術、資金調達・事業再生、女性による起業・創業、若者による起業・創業の抜本的推進、女性に働きやすい環境整備、地域（商店街等）、を詳細に整理している。とくに、担い手としての、女性・青年そして商店街に着目して、女性や若者のチャレンジを促す苗床として商店街が持続的に発展するための取り組みなどを重視している。これらは、近年減少している

図 2-2　女性の年齢別労働力率の国際比較

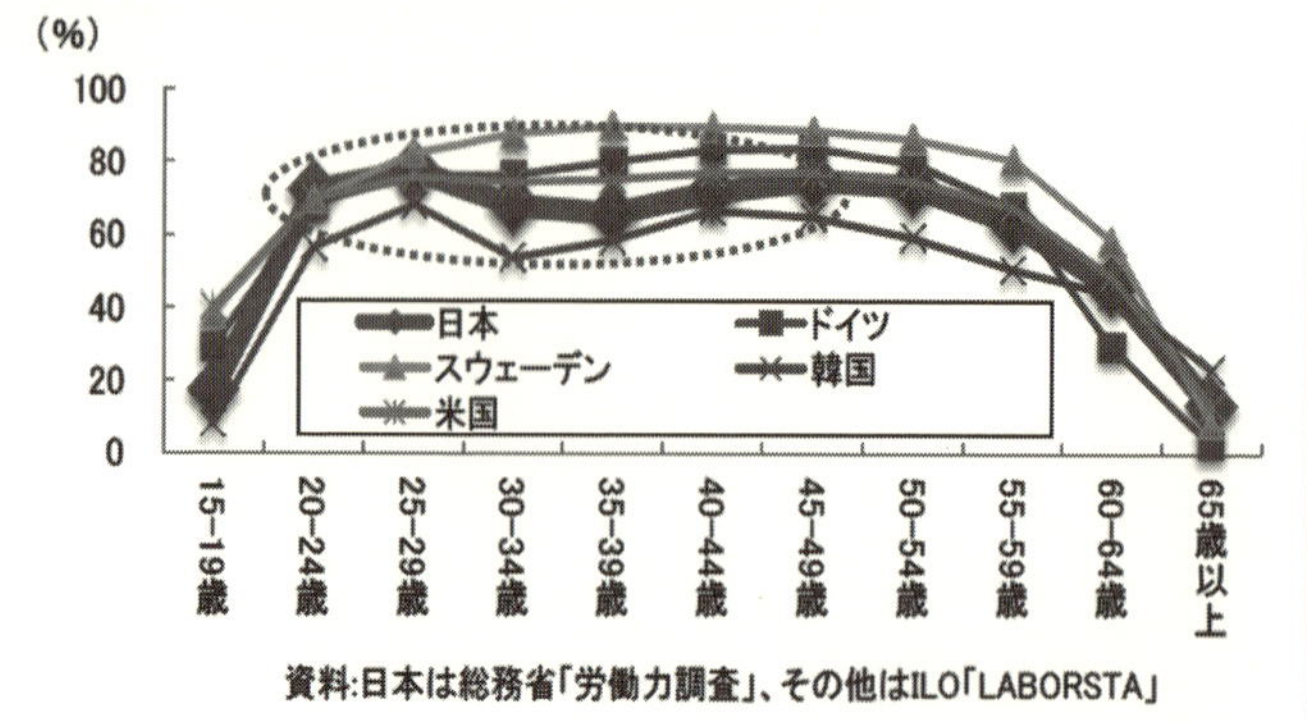

資料:日本は総務省「労働力調査」、その他はILO「LABORSTA」

出所：『中小企業政策審議会〝ちいさな企業〞未来部会法制検討 WG 資料』2012 年 11 月 8 日より。

女性起業家の減少といわゆる女性就業のM字構造の改善（図2—2参照）、企業家・経営者の平均年齢の上昇（表2—1）、商店街の衰退・商店街のリーダー年齢の高齢化などに応えるものが、省庁横断的な課題が多く、その横串的対応についての深堀りは充分とはいえない印象だ。

このように、小規模企業に対する政策的重視は、従来不足していた視点であり、今後政策上の対応が期待される。

(3)　小規模企業振興基本法

これらの検討を踏まえ、二〇一四年六月に小規模企業振興基本法が制定された。これは、小規模事業者が、地域の経済や雇用を支える極めて重要な存在であり、経済の好循環を全国津々浦々まで届けていくためには、その活力を最大限に発揮させることが必要不可欠にもかかわらず、小規模事業者は、人口減少、高齢化、海外との競争の激化、地域経済の低迷といった構造変化に直面しており、売上げや事業者数の減少、経営層の高齢化等の課題を抱えていることに対応するものだった。

二〇一三年に「小規模企業活性化法」が成立したが、中小企業基本法の基本理念に則りつつ、小規模企業に焦点を当て、「小規模企業活性化法」をさらに一歩進める観点から、小規模振興基本法・小規模支援法が制定された。小規模企業振興基本法（小規模基本法）は、小規模企業の振興に関する施策について、総合的かつ計画的に、そして国、地方公共団体、支援機関等が一丸となって戦略的に実施するため、政府が基本計画を閣議決定し、国会に報告する等の新たな施策体系を構築するものだった。また、「小規模支援法案」は、半世紀以上にわたり小規模事業者の経営相談に応じてきた商工会及び商工会議所が、市町村や地域の金融機関等と連携して、小規模事業者の意欲ある取り組みを強力に支援するための体制を整備するものだ。

小規模基本法は、①小規模企業の活力発揮の必要性が増大していることから、小企業者を含む小規模企業について、事業の持続的な発展を図ることを位置づけ、②小企業者の円滑かつ着実な事業の運営を適切に支援することを定めるもので、国・地方公共団体・支援機関等関係者相互の連携及び協力の責務等を規定している。とくに、小規模企業施策の体系を示す五年間の基本計画を策定し、国会に報告するとし、基本的施策として①多様な需要に応じた商品・サービスの販路拡大、新事業展開の促進、②経営資源の有効な活用及び個人の能力の発揮の促進、③地域経済の活性化に資する事業の推進、④適切な支援体制の整備、が規定されている。

また、小規模支援法は、

・伴走型の事業計画策定・実施支援のための体制整備需要開拓や経営承継等の小規模事業者の課題に対し、事業計画の策定や着実な実施等を事業者に寄り添って支援する体制や能力を整えた商工会・商工会議所の支援計画（「経営発達支援計画」）を国が認定・公表すること、

・商工会・商工会議所を中核とした連携の促進計画認定を受けた商工会・商工会議所は、市区町村や地域の金融機関、他の公的機関等と連携し、地域の小規模事業者を支援。連携主体が一般社団法人・一般財団法人（地域振興公社など）またはＮＰＯの場合は、中小企業者とみなして中小企業信用保険法を適用すること、・中小企業基盤整備機構の業務追加計画認定を受けた商工会・商工会議所に対して、中小機構が、先進事例や高度な経営支援のノウハウの情報提供等を実施する、としている。

このように、小規模企業に対して、きめ細かい支援体制が整えられることになった。

第3章

中小企業憲章の制定——中小企業政策のイノベーション

第1節　中小企業基本法改正以後の施策

日本の中小企業支援の政策は、第二次大戦後にその多くが整備されたが、トータルでみると世界的にも極めて最先端のものといえる。その中心は、組織的には中小企業庁の設置、各種政策金融機関の整備と、先の中小企業基本法だ。中小企業基本法は、一九九九年に改正され、元気な中小企業を支援することがその理念となった。それを実現するために、表3―1にあるように、矢継ぎ早に関連施策が実施された。中小企業を支援するためのセンターの設置、セーフティネット保証・創業保証などの整備、中小企業再生支援協議会の創設、売掛債権担保融資制度や証券化活用融資制度・動産担保融資制度（ABL）の整備、新連携・農商工連携支援、モノづくり支援、電子記録債権制度の創設、資本制借入金（DDS）の整備、知的資産経営の推進、信用リスクデータベースの整備などだ。有限責任事業組合（LLP）や会社法制定により合同会社（LLC）の制度・種類株式の活用などが整備された。

さらに、二〇〇四年七月に中小企業支援施策の実行機関として、中小企業基盤整備機構が独立行政法人として設立された。これは、中小企業総合事業団・地域振興公団・産業基盤整備基金の三機関を統合したもので、政策金融以外の中小企業支援を担当する機関となった。これに伴い中小企業総合事業団が行っていた中小企業信用保険業務は中小企業金融公庫に移管された。その後、政府系金融機関の見直しにより、中小企業金融公庫は国民生活金融公庫・農林漁業金融公庫と統合され日本政策金融

表 3-1　中小企業基本法改正後の主な中小企業関連施策

年	法律	内容
1999	中小企業基本法の改正	中小企業基本法の抜本的な見直し
2000	中小企業支援法	中小企業支援センターの創設
	中小企業信用保険法の改正	セーフティネット保証の対象拡大
2001	中小企業信用保険法の改正	売掛債権担保融資保証制度の創設
2002	新事業創出促進法の改正（2003 年施行）	最低資本金規制の特例
2003	産業活力再生特別措置法の改正	中小企業再生支援協議会の創設
	下請代金法の改正	規制対象となる委託取引の拡大
2004	中小公庫法の改正	証券化を活用した融資制度の創設
2005	中小企業新事業活動促進法	新連携支援
	有限責任事業組合契約法	有限責任事業組合（LLP）制度の創設
	会社法（2006 年施行）	合同会社（LLC）制度の創設
2006	中心市街地活性化法の改正	まちづくり 3 法の見直し
	中小企業ものづくり高度化法	ものづくり支援
2007	中小企業地域資源活用促進法	地域資源の活用支援
	株式会社日本政策金融公庫法（2008 年施行）	政府系金融機関の見直し
	株式会社商工組合中央金庫法（2008 年施行）	
2008	農商工等連携促進法	農商工連携支援
	中小企業経営承継円滑化法	事業承継の円滑化支援
	中小企業信用保険法の改正、中小公庫法の改正	売掛債権早期現金化保証制度の創設

出所：亀澤ほか（2008）42 頁より作成。

公庫となり、商工組合中央金庫も民営化された。

　これら制度的枠組みの整備などに加えて、中小企業の多くが存在する地域経済の振興も重要な施策として位置づけられ、それを支える地域金融機関の機能強化が金融行政として展開された。地域密着型金融（リレーションシップ・バンキング）として展開された金融行政がそれだ。リレーションシップ・

バンキングは、もともと一九九〇年代末の金融システム不安・不良債権問題を解決するために実施された「金融再生プログラム」（二〇〇二年一〇月）の一部として地域金融機関の不良債権処理のために実施されたものだが、その後地域経済振興・再生のために金融行政の中に組み入れられた施策だ。この施策により、地域金融機関は、地域経済振興・再生に積極的に取り組むことが求められ、その成果を公表することでその実現の度合いを示している。

第2節　中小企業憲章の制定

(1)　制定の推移

「中小企業憲章」という文書が、二〇一〇年六月一八日に閣議決定された。これは、中小企業政策の基本原則と政府の行動指針を提示したもので、一九九九年の改正中小企業基本法と並んで、中小企業政策のイノベーションといいうるものだろう。中小企業を対象とした憲章というのは、EUにその例があるが、他にはない。憲章とはいかなる位置づけなのか、法令との関係性、その法的拘束力、中小企業政策への援用等、検討すべき課題も多い。

日本で「中小企業憲章」の必要性が提起されたのは、二〇〇九年九月に民主党が政権与党になり、そのマニフェストに「中小企業憲章」の制定が盛り込まれていたことにあるといえ、これを実現したものと整理できる。民間の中小企業団体の中にも、これと同様な主張をするものもあったので、民主党の政策だけがその制定に関わったわけでもない。

二〇〇九年の総選挙に民主党が掲げた「マニフェスト二〇〇九」では、五つの政策項目（ムダづかい、子育て・教育、年金・保険、地域主権、雇用・経済）をあげており、その政策各論で五五項目の公約を掲げている。その五項目目の「雇用・経済」の項は経済政策だが、その冒頭には、中小企業対策が掲げられている。その中で、「三六、中小企業憲章の制定など、中小企業を総合的に支援する」ことが掲げられており、【政策目的】わが国経済の基盤である中小企業の活性化を図るため、政府全体で中小企業対策に全力で取り組む。【具体策】「次世代の人材育成」「公正な市場環境整備」「中小企業金融の円滑化」などを内容とする「中小企業憲章」を制定する」とされていた。

民主党の経済政策、就中、その中心にある中小企業対策には、まず「中小企業憲章の制定ありき」の感があり、まさに経済対策のいわば「一丁目一番地」だった。

「マニフェスト二〇〇九」の基礎である民主党の政策集「インデックス二〇〇九」では、「中小企業が活力を持って光り輝き、安定的で健全な国民生活が実現できる環境を整えることを目的とした中小企業憲章を制定します」と記載し、中小企業憲章制定を中小企業政策の根幹に置くものとしていた。

このように中小企業憲章は、二〇〇九年総選挙の選挙公約として提示され、政治主導で制定に到ったという経緯がある。二〇一〇年一月に中小企業庁に学識経験者による研究会が組織され、中小企業経営者、中小企業の従業員、中小企業支援機関関係者等ステークホルダーからのヒアリングなどを踏まえ、そのうえで議論が行われて、制定に到り、中小企業政策審議会の議を経て、同年六月一八日に閣議決定すなわち政府の宣言として決定された。

この憲章は、中小企業の歴史的な位置付けや、今日の中小企業の経済的・社会的役割などについての考え方を基本理念として示すとともに、中小企業政策に取り組むに当っての基本原則や、それを踏まえて政府として進める中小企業政策の行動指針を示したものであり、少子高齢化、経済社会の停滞などにより、将来への不安が増している中、不安解消の鍵となる医療、福祉などの分野で、変革の担い手である中小企業が力を発揮することで我が国の新しい将来像が描けるという、中小企業に対する新しい見方を提示したものといえるものだ。

⑵「中小企業憲章」に関する研究会

「中小企業憲章」(以下、「憲章」と略記)は、二〇一〇年一月〜六月に中小企業庁に設置された学識経験者による研究会で、中小企業経営者、中小企業の従業員、中小企業支援機関関係者等のステークホルダーからのヒアリングなどを踏まえ、「憲章(案)」を作成し、中小企業政策審議会の議を経て、閣議決定に到ったものだ。

研究会は準備会合を一月二〇日に開催した後、正式会合は二〇一〇年二月三日に始まり、五月二八日まで計六回の会合が開催された。毎回、経済産業大臣等の政務関係者、各省庁の関係する担当者等が陪席した。

「憲章」は、前文・基本理念・基本原則・行動指針・結び、で構成されている。「憲章」自体は、長い文書ではないので、以下その構成を全文掲げる。あらかじめ整理しておくと、この「憲章」は、政府が主語であるために、閣議決定のような形になったのだろう。これは、「中小企業憲章」が、民主党マニフェストに記載されており、与党の意思決定の下で実施されるものとされたからだ。その中で、「われわれ」という政府が、関係省庁一体となって最も強く責任をもてる形として、まさに閣議決定という措置になったといえよう。一方、国民にとっての最大の意思決定は国権の最高機関たる国会での決議になるが、これは政府としてできることの範疇を超えているため、主語が「われわれ」にはなっていない。

(3) 中小企業憲章の内容

前文

「憲章」の前文は、中小企業の現在までの役割と現在の課題を列挙して、その存在意義を明確にしている。前文を掲げると、

「中小企業は、経済を牽引する力であり、社会の主役である。常に時代の先駆けとして積極果敢に挑戦を続け、多くの難局に遭っても、これを乗り越えてきた。戦後復興期には、生活必需品への旺盛な内需を捉えるとともに、輸出で新市場を開拓した。オイルショック時には、省エネを進め、国全体の石油依存度低下にも寄与した。急激な円高に翻弄されても、産地で連携して新分野に挑み、バブル崩壊後もインターネットの活用などで活路を見出した。

我が国は、現在、世界的な不況、環境・エネルギー制約、少子高齢化などによる停滞に直面している。中小企業がその力と才能を発揮することが、疲弊する地方経済を活気づけ、同時にアジアなどの新興国の成長をも取り込み日本の新しい未来を切り拓くうえで不可欠である。

政府が中核となり、国の総力をあげて、中小企業のもつ個性や可能性を存分に伸ばし、自立する中小企業を励まし、困っている中小企業を支え、そして、どんな問題も中小企業の立場で考えていく。これにより、中小企業が光り輝き、もって、安定的で活力ある経済と豊かな国民生活が実現されるよう、ここに中小企業憲章を定める」
としている。

冒頭の書き出しは、「欧州小企業憲章」が、「小企業はヨーロッパ経済を支えている」と始めたことを相通じるところがある。「どんな問題も中小企業の立場で考えていく」としたことは、〝エス・エム・イー・ファースト〟（SMEs First）がその心といえよう。それを受け、「国の総力を挙げて」としたのは、省庁を超えて、横串を刺すように横断的な対応を示したといえよう。そして、「自立する中小企業を励まし、困っている中小企業を支え」としたことは、支援は元気のある中小企業に留まるものでないことも示している。

基本理念

憲章の基本理念は、

「中小企業は、経済やくらしを支え、牽引する。創意工夫を凝らし、技術を磨き、雇用の大部分を支え、くらしに潤いを与える。意思決定の素早さや行動力、個性豊かな得意分野や多種多様な可能性を持つ。経営者は、企業家精神に溢れ、自らの才覚で事業を営みながら、家族のみならず従業員を守る責任を果たす。中小企業は、経営者と従業員が一体感を発揮し、一人ひとりの努力が目にみえる形で成果に結びつきやすい場である。

中小企業は、社会の主役として地域社会と住民生活に貢献し、伝統技能や文化の継承に重要な機能を果たす。小規模企業の多くは家族経営形態を採り、地域社会の安定をもたらす。

このように中小企業は、国家の財産ともいうべき存在である。一方で、中小企業の多くは、資金や人材などに制約があるため、外からの変化に弱く、不公平な取引を強いられるなど数多くの困難に晒されてきた。この中で、大企業に重きを置く風潮や価値観が形成されてきた。しかし、金融分野に端を発する国際的な市場経済の混乱は、却って大企業の弱さを露わにし、世界的にもこれまで以上に中小企業への期待が高まっている。国内では、少子高齢化、経済社会の停滞などにより、将来への不安が増している。不安解消の鍵となる医療、福祉、情報通信技術、地球温暖化問題を始めとする環境・エネルギーなどは、市場の成長が期待できる分野でもある。中小企業の力がこれらの分野で発揮され、豊かな経済、安心できる社会、そして人々の活力をもたらし、日本が世界に先駆けて未来を切り拓くモデルを示す。

難局の克服への展開が求められるこのような時代にこそ、これまで以上に意欲を持って努力と創意工夫を重ねることに高い価値を置かなければならない。中小企業は、その大いなる担い手である」としている。

中小企業が、企業家精神に溢れる存在で、意欲をもち、創意工夫が重要な時代ではその大いなる担い手であるとしたのは、まさに理念に相応しいといえよう。とくに、「小規模企業の多くは家族経営形態を採り、地域社会の安定をもたらす」として、小規模企業の意義を示したことは重要だろう。

基本原則

憲章の基本原則は、

「中小企業政策に取り組むに当たっては、基本理念を踏まえ、以下の原則に依る。

一、経済活力の源泉である中小企業が、その力を思う存分に発揮できるよう支援する資金、人材、海外展開力などの経営資源の確保を支援し、中小企業の持てる力の発揮を促す。その際、経営資源の確保が特に困難であることの多い小規模企業に配意する。中小企業組合、業種間連携などの取組を支援し、力の発揮を増幅する。

二、起業を増やす

起業は、人々が潜在力と意欲を、組織の枠にとらわれず発揮することを可能にし、雇用を増やす。起業促進策を抜本的に充実し、日本経済を一段と活性化する。

三、創意工夫で、新しい市場を切り拓く中小企業の挑戦を促す

中小企業の持つ多様な力を発揮し、創意工夫で経営革新を行うなど多くの分野で自由に挑戦できるよう、制約の少ない市場を整える。また、中小企業の海外への事業展開を促し、支える政策を充実する。

四、公正な市場環境を整える

力の大きい企業との間で実質的に対等な取引や競争ができず、中小企業の自立性が損なわれることのないよう、市場を公正に保つ努力を不断に払う。

五、セーフティネットを整備し、中小企業の安心を確保する

中小企業は、経済や社会の変化の影響を受け易いので、金融や共済制度などの面で、セーフティネットを整える。また、再生の途をより利用し易いものとし、再挑戦を容易にする。

これらの原則に依り、政策を実施するに当たっては、

*中小企業が誇りを持って自立することや、地域への貢献を始め社会的課題に取り組むことを高く評価する。

*家族経営の持つ意義への意識を強め、また、事業承継を円滑化する。

*中小企業の声を聴き、どんな問題も中小企業の立場で考え、政策評価につなげる。

*地域経済団体、取引先企業、民間金融機関、教育・研究機関や産業支援人材などの更なる理解と協力を促す。

*地方自治体との連携を一層強める。

*政府一体となって取り組む。

こととする」

だ。

ここに掲げられた五つの基本原則は普遍的ともいえるもので、特段のコメントは必要ないが、公正な市場環境整備、セーフティネット整備は重要な点だ。原則に準拠して、政策を実施する際に、「家族経営の持つ意義への意識を強め、また、事業承継を円滑化する」とした点は小規模企業への配慮といえよう。起業については、開業率が廃業率を下回る状況が継続し、企業数が減少している背景には、図3—1のように、日本の起業意欲が国際的にみて低位という状況があり、その対応を迫るもの

図 3-1 起業意欲の国際比較

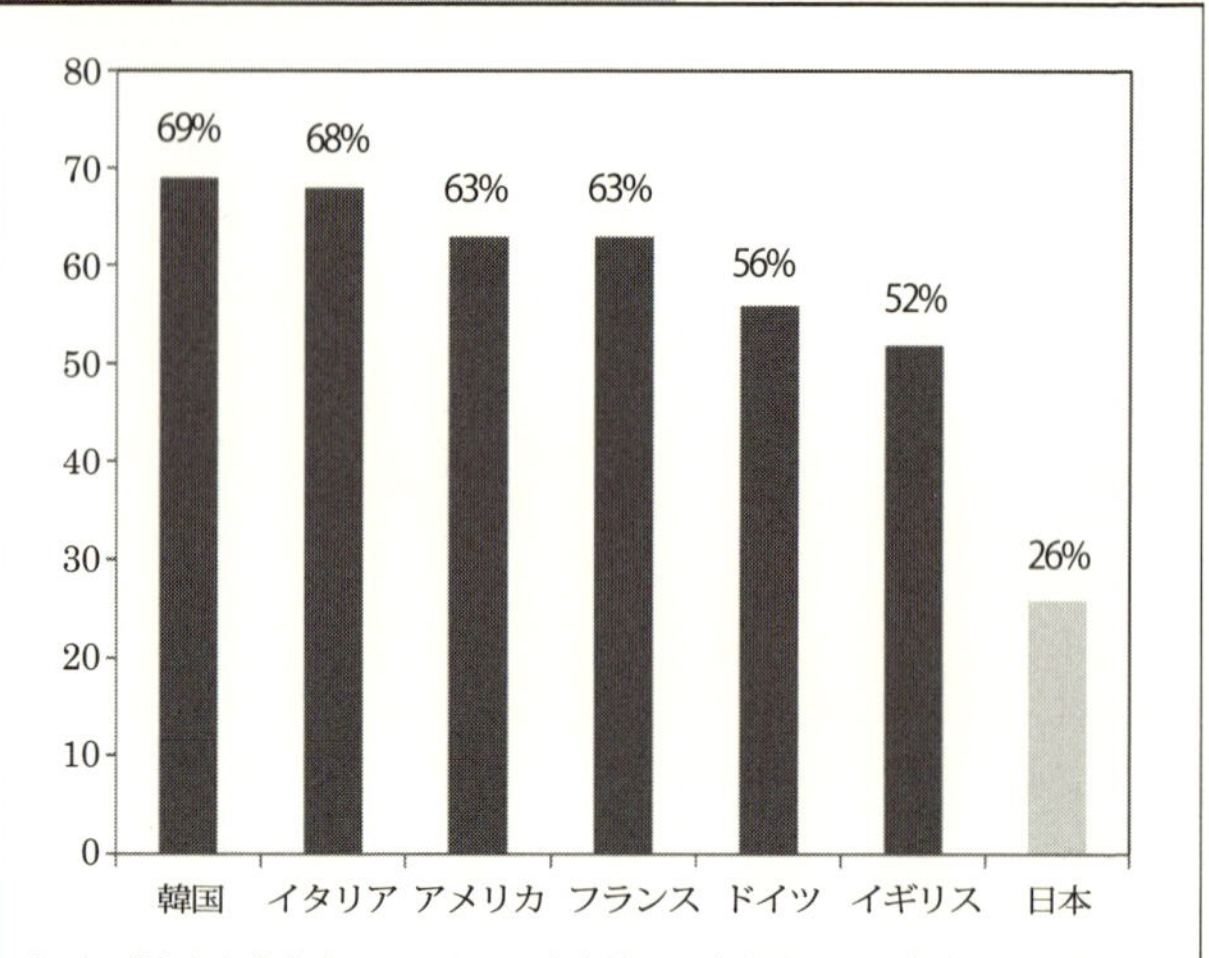

出所：「中小企業憲章」に関する研究会第——会合資料（参考六）より作成。

だろう。また、「政府一体となって取り組む」というのは、省庁間の政策に横串を通すという観点であり、次の「行動指針」の考え方の基本になる記述だといえる。

行動指針

政府の取り組むべき行動指針は、

「政府は、以下の柱に沿って具体的な取組を進める。

一、中小企業の立場から経営支援を充実・徹底する
中小企業の技術力向上のため、ものづくり分野を始めとする技術開発、教育・研究機関、他企業などとの共同研究を支援するとともに、競争力の鍵となる企業集積の維持・発展を図る。また、業種間での連携・共同化や知的財産の活用を進め、中小企業の事業能力を強める。経営支援の効果を高めるため、支援人材を育成・増強し、地域経済団体との連携による支援体制を充実する。

二、人材の育成・確保を支援する
中小企業の要諦は人材にある。働く人々が積極的に自己研鑽に取り組めるよう能力開発の機会

を確保する。魅力ある中小企業への就業や起業を促し、人材が大企業信仰にとらわれないよう、各学校段階を通じて健全な勤労観や職業観を形成する教育を充実する。また、女性、高齢者や障害者を含め働く人々にとって質の高い職場環境を目指す。

三、起業・新事業展開のしやすい環境を整える

資金調達を始めとする起業・新分野進出時の障壁を取り除く。また、医療、介護、一次産業関連分野や情報通信技術関連分野など今後の日本を支える成長分野において、中小企業が積極的な事業を展開できるよう制度改革に取り組む。国際的に開かれた先進的な起業環境を目指す。

四、海外展開を支援する

中小企業が海外市場の開拓に取り組めるよう、官民が連携した取組を強める。また、支援人材を活用しつつ、海外の市場動向、見本市関連などの情報の提供、販路拡大活動の支援、知的財産権トラブルの解決などの支援を行う。中小企業の国際人材の育成や外国人材の活用のための支援をも進め、中小企業の真の国際化につなげる。

五、公正な市場環境を整える

中小企業の正当な利益を守る法令を厳格に執行し、大企業による代金の支払遅延・減額を防止するとともに、中小企業に不合理な負担を招く過剰な品質の要求などの行為を駆逐する。また、国及び地方自治体が中小企業からの調達に配慮し、受注機会の確保や増大に努める。

六、中小企業向けの金融を円滑化する

不況、災害などから中小企業を守り、また、経営革新や技術開発などを促すための政策金融や、

起業、転業、新事業展開などのための資金供給を充実する。金融供与に当たっては、中小企業の知的資産を始め事業力や経営者の資質を重視し、不動産担保や保証人への依存を減らす。そのためにも、中小企業の実態に則した会計制度を整え、経営状況の明確化、経営者自身による事業の説明能力の向上、資金調達力の強化を促す。

七、地域及び社会に貢献できるよう体制を整備する

　中小企業が、商店街や地域経済団体と連携して行うものも含め、高齢化・過疎化、環境問題など地域や社会が抱える課題を解決しようとする活動を広く支援する。祭りや、まちおこしなど地域のつながりを強める活動への中小企業の参加を支援する。また、熟練技能や伝統技能の継承を後押しする。

八、中小企業への影響を考慮し政策を総合的に進め、政策評価に中小企業の声を生かす関係省庁の連携は、起業・転業・新事業展開への支援策の有効性を高める。中小企業庁を始め、関係省庁が、これまで以上に一体性を強めて、産業、雇用、社会保障、教育、金融、財政、税制など総合的に中小企業政策を進める。その際、地域経済団体の協力を得つつ、全国の中小企業の声を広く聴き、政策効果の検証に反映する」

となっている。

　これらの八つの「行動指針」も先の五つの原則に準拠したもので、特段の説明は要しない。ただし、関係省庁の連携を強調し、「中小企業庁を始め、関係省庁が、これまで以上に一体性を強めて、・・・総合的に中小企業政策を進める」とした点は、「前文」及び「基本原則」の記述を受けている。

結び

「世界経済は、成長の中心を欧米からアジアなどの新興国に移し、また、情報や金融が短時間のうちに動くという構造的な変化を激しくしている。一方で、我が国では少子高齢化が進む中、これからは、一人ひとりが、力を伸ばし発揮することが、かつてなく重要性を高め、国の死命を制することになる。したがって、起業、挑戦意欲、創意工夫の積み重ねが一層活発となるような社会への変革なくしては、この国の将来は危うい。変革の担い手としての中小企業への大いなる期待、そして、中小企業が果敢に挑戦できるような経済社会の実現に向けての決意を政府として宣言する」

「結び」は、世界経済・日本経済の構造的変化の中で社会を変革する担い手として中小企業を位置づける点を強調したものだ。とくに、「政府として宣言」した点が、この「憲章」の特徴だ。前述の「児童憲章」「自然保護憲章」は、「われらは」「われわれは」として、国民全体の意思を示したのに対して、政府の責務を明示した点が際立っている。

このように「憲章」は、中小企業を「社会の主役」そして「変革の担い手」として位置づけ、政策の側も「中小企業の立場で考えていく」ことを明記し、政策決定にも言及したユニークな文書といえよう。ただ、主語は「われわれ」ではなく、政府が取り組む意思を示したという意味で、主語は政府であり、英語版ではタイトルの下に、"The Government has formulated the Small and Medium Enterprise Charter as per the attached Exhibit." と書き、前文を "For all these purposes, the Government hereby formulates the Small and Medium Enterprise charter."（政府は中小企業憲章を別紙のように定める）と記している。そして「憲章」の本文の「結び」（Conclusion）の部分で、"The

図 3-2　三大都市圏以外での小規模企業の雇用への貢献割合

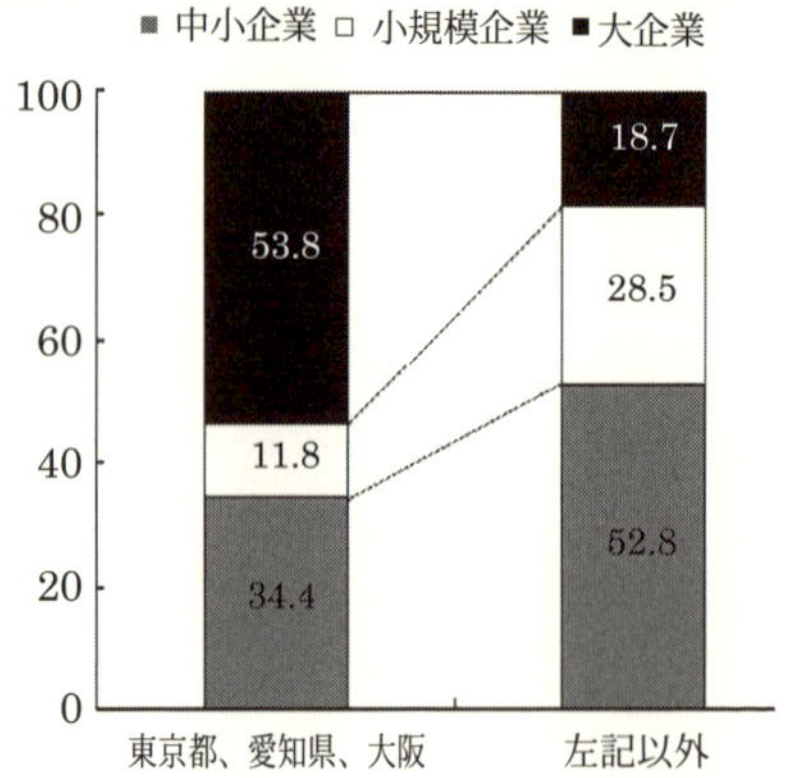

出所：中政審未来部会法制検討 WG 資料、2012 年 11 月 8 日より作成。

Government hereby declares"（政府として宣言する）という表現を使用している。このように「憲章」は、政府の役割を明示した文書として位置づけられよう。

一見、政府発出の文書と受け取られる感がある中でも、中小企業のみならず小規模企業の役割をも明示した文書であり、中小企業政策に広くそして深く活用されることが期待される。ただし、あくまで、中小企業を対象とした文書である点は強調されてよく、この点で小企業にフォーカスした「欧州小企業憲章」とは、そのスタンスが異なることは注意すべきだ。この文書の意義の高さに比して、その後の施策に関していえば、二〇一一年三月の東日本大震災の影響もあってか、必ずしも政策のフロントに立っているとはいえない感があり、一層の活用が必要というのが策定に関わった者の印象だ。

第4章

中小企業支援・政策システム——中小企業金融を中心に

第1節　中小企業政策・支援施策

(1)　中小企業支援策

中小企業を育成支援するには多くの手法があるが、大別すると、金融面、税制面、直接・間接支援がある。中小企業支援という観点からすると、日本における中小企業支援は、多岐にわたり、各国の支援策に比べて手厚くまた網羅的であり、先進的といえよう。ただし、国の予算に占める中小企業対策費は経済産業省・財務省・厚生労働省分を合算しても一千数百億円程度であり、大きいものではないが、補正予算で一、〇〇〇〜三、〇〇〇億円余追加されることが多く、おおよそ数千億円規模になっている。この点は、予算編成技術による側面もあり、本予算で難しい案件は補正予算で実現するという手法が予算編成にはあるようだ。

金融面の支援とは、中小企業の資金調達の円滑化の支援で、政策（政府系）金融機関（日本政策金融公庫、商工組合中央金庫）の直接融資（長期・低利・固定金利。目的・対象別融資）、地方自治体の制度融資、民間金融機関の融資の信用補完制度（信用保証協会と再保証）などのほか、民間金融機関の中小企業向け融資の促進施策（地域密着型金融行政）等だ。また、ベンチャー・キャピタル支援、ファンド組成支援、ファンド事業等もある。

税制は、税の軽減を行うもので、法人税の軽減、同族会社税制、欠損金の繰越・繰戻還付、中小企

業投資促進税制・基盤強化税制、人材投資促進税制、試験研究税制、事業承継税制等があり、広範だ。

直接支援というのは、各種の補助金による中小企業に対する直接支援であり、技術開発の支援、基盤技術の育成支援、経営革新支援、雇用・人材開発の支援（中小企業大学校のような研修）、創業・ベンチャー企業支援、企業再生支援、インキュベーション施設の整備と利用促進、複数企業の連携促進、農商工連携の促進、商店街活性化策、共済制度（連鎖倒産防止、小規模企業者退職金〔小規模共済〕、中小企業勤労者退職金〔勤労者退職金共済〕）等だ。

間接支援というのは、各種公的支援機関によるもので、都道府県の支援センター、商工会議所・商工会・中央会等の団体及び経営相談員（八、五〇〇人余）の活動、政策金融以外の中小企業支援政策の実施を中心的に担う中小企業基盤整備機構（中小企業基盤整備機構は、政策金融・税制以外の中小企業支援を行う政策実施機関で、外部専門家の活用等により各種支援を行う他、研修事業〔中小企業大学校〕、産業用地分譲・インキュベーション施設の整備等も行い、金融面ではファンド事業による支援ツールを有し、また小規模共済〔退職年金〕・連鎖倒産防止共済事業というセーフティネット機能を果たし、かつその約一〇兆円の資金運用を行う機関投資家で、金融商品取引法の適格機関投資家でもある）、中小企業再生支援協議会・地域経済活性化支援機構等の支援施策などだ。このほかに、中小企業診断士制度の整備、中小企業向けの会計制度の整備等もある一方、民間の中小企業向け融資を円滑化・活性化させる金融行政も広い意味での中小企業支援といえよう。

(2) 中小企業金融支援──政策誘導効果・補助金効果等──政策金融機関の直接融資

政策（政府系）金融機関には、一般貸付（普通貸付）と特別貸付がある。一般貸付というのは、中小企業の事業資金に対応するものだ。例えば、商工中金の一般貸付は、使途が設備資金・運転資金で、期間が設備資金一五年以内・運転資金一〇年以内（それぞれ据置期間二年以内）、返済方法が分割返済または期限一時返済、というものだ。特別貸付というのは、国の政策目的に対応して業種・金利・期限・担保等について個別に決められた融資制度であり、多くのものがある。民間貸出が対応できない分野（リスクの大きい分野など）に対応しているものもあり、政策効果の発揮と民間貸出の誘導効果ないし呼び水効果をもつ。

日本政策金融公庫には、国民生活事業として普通貸付があるほか、中小企業事業の融資制度（特別貸付）として、新企業育成貸付（新事業育成資金、女性・若者・シニア起業家支援資金、再挑戦支援資金、新事業活動促進資金、中小企業経営力強化資金）、企業活力強化貸付（企業活力強化資金、IT活用資金、海外展開資金、地域活性化・雇用促進資金、中小企業会計活用強化資金）、環境・エネルギー対策貸付（環境・エネルギー対策資金、社会環境対応施設整備資金）、セーフティネット貸付（経営環境変化対応資金金融環境変化対応資金、取引企業倒産対応資金）、企業再生貸付（事業再生支援資金、企業再建・事業承継支援資金）、その他に災害復旧貸付、東日本大震災復興特別貸付、保証人特例制度、挑戦支援資本強化特例制度（資本性ローン）、公庫融資借換特例制度、設備資金貸付利率特例制度、五年経過ごと金利見直し制度、そして中小企業の海外現法の現地通貨建て資金調達支援のスタンドバイ・クレジット制度がある。同様な制度は、主に小規模企業向けの国民生活事業にもある。

直接融資は低金利が設定され、民間貸出金利よりも低位なので、民間との金利差が補助金となる。また、長期固定金利が設定され、貸出期間内の金利負担が、同期間の民間貸出の金利負担よりも少なければ、その差額が補助金効果となる。さらに、民間融資では対応しにくい長期固定金利・低金利融資は融資額を確保するという意味で、アベイラビリティ効果をもつ。

日本政策金融公庫の融資規模は、二〇一三年三月末に二九・二兆円だが、そのうち中小企業分野への融資残高は六・四五兆円規模だ。また、小規模企業融資（教育ローンを含む）は六・三九兆円だ。商工中金の融資残高は一三年三月末に九・四五兆円だ。

(3) 信用補完——公的信用保証

信用補完制度——民間融資の誘導・促進効果

信用補完制度というのは、民間金融機関の中小企業向け融資を促進するために、政策的に信用保証を行うものだ。主に、全国に都道府県を単位とする五二の信用保証協会（四七都道府県と五市〈横浜市・川崎市・名古屋市・岐阜市・大阪市〉）が行うが、地方自治体の制度や政策的に行われる信用補完もある。

信用保証協会は、信用保証協会法（一九五三年八月一〇日法律第一九六号）に基づき、中小企業・小規模事業者の金融円滑化のために設立された公的機関で、中小企業が金融機関から事業資金を調達する際、信用保証協会が「信用保証」を通じて、資金調達をサポートする機能をもつ。これにより、融資枠の拡大、長期の借入などが可能になる。

このように信用保証制度は、民間融資（貸出）のリスクを肩代わりすることにより、民間融資では対応できない分野への誘導効果をもつので、民間貸出を増加させる（自治体の制度融資等でも信用保証協会の保証を利用することがある）。反面、信用リスクの大半を信用保証協会という公的部門に転嫁することにより、民間金融機関のリスク管理が脆弱化ないし無責任化する懸念があり、モラル・ハザード問題を発生させる。また、リスクに関係なく保証料が一定だったこともあり、利用者の逆選択問題も発生する（料率は段階的に設定できるようになっているが、ごく狭い範囲内での設定なので、事実上リスク対応の保証料率体系になっていない）。

信用補完制度にも、一般保証と国の政策に対応した種々の保証制度がある。かつて政策金融といえば直接融資だったが、一九九〇年代の金融自由化・金融ビッグバンを経て、信用保証が政策金融に占める地位は大きくなった。とくに、一九九八年一〇月導入の中小企業金融安定化特別保証（安定化保証）は、二〇〇一年三月までの時限措置だったが、保証枠三〇兆円に及び、当時の中小企業向け融資総額の約一割に達し、信用保証の地位を高めるものだった。

信用保証制度の特色は、日本政策金融公庫が再保険を行う点だ。各信用保証協会は、日本政策金融公庫と再保険契約を行い、各協会の赤字は最大八割まで補填される。保険契約額は二〇一三年三月末で三二・四七兆円だ。

保証料率

信用補完制度では、永く多くの保証で一律の保証料率が採用されていたため、信用リスクの高い中小企業者が信用保証協会の利用希望者として集中してしまう可能性がある（逆選択という）。また、金融機関の信用保証付融資の判断が、信用保証協会の目標に沿って実施されているのか、信用保証協会の目標から逸脱して金融機関の自己利益を追求する行為なのか判断できないという問題が存在する。すなわち、金融機関は中小企業に関する私的情報をもつため、リスクが高いと判断すれば、プロパー融資ではなく保証付融資とする傾向がある（逆選択）。さらに、保証付融資とすれば、保証協会によって一〇〇％代位弁済されるため（全部保証という）、金融機関は融資先をモニターするインセンティブを失う可能性がある（モラル・ハザードという）。このように情報の非対称性問題を克服するためには、逆選択には保証料率の弾力化・可変料率化はごく自然の対応だ。さらに、金融機関のモラル・ハザード防止には部分保証ないし事後的な負担金による責任分担が必要となる。このような制度設計では諸外国では当然で（表4―1）、信用補完制度の設計に関わる基本的課題でもあり、その点で重要だったが、少なくとも金融理論の文脈では正しい方向性であり、金融システムへの負荷を減ずるものと理解される。

信用保証制度のモラル・ハザードの解決策として、二〇〇七年一〇月に責任共有制度が導入されている。信用保証は、従来、全部保証という一〇〇％の債権保全を公的保証制度が担っていたが、モラル・ハザードを惹起することから、部分保証に移行したのが、二〇〇五年六月の「信用補完制度のあり方に関する検討小委員会とりまとめ」を受けた方向性だった。これが二〇〇七年一〇月に導入された責任共有制度だ。併せて保険料を段階的にすることで逆選択問題も解消しようとしたものだ。保証料は一律一％という制度が永く採られていたが（表4―2）、二〇〇七年四月から段階別保証料率（リスク対応保証料率）となっている（一般保証で五〇〇万円以下の融資ならば、〇・三三％～一・四七％の幅で九段階。一、〇〇〇万円超で無担保の場合は〇・五〇％～二・二〇％の幅で九段階。後述のＣＲＤのリスク評価モデルによって適用される料率が決まる)。

信用補完制度の補助金効果――特別保証の場合

一九九八年一〇月に導入された中小企業金融安定化特別保証（安定化保証）は、当時の金融システム不安に対応する中小企業支援策だった。中小企業の資金調達難を緩和する目的で、当初二〇〇〇年三月末までの時限措置として、保証枠二〇兆円でスタートしたが、二〇〇一年三月まで延長されて、保証枠は三〇兆円になった（当時の中小企業向け貸出額の約一割）。

実際の利用でみると、保証承諾額は二八・九四三七兆円で（九六・四八％の利用率）、代位弁済額二・三四六八兆円（事故率〔代弁率〕は八・一一％で当初制度設計の見込みは一〇％の範囲内。ただし追加保証枠一〇兆円の半分は八％）、回収額二、八五〇億円、保険支払額一・八二〇三兆円だった。審査基準は、破綻、税滞納などのネガティブリストを満たさない限り、というものであり、日本のみならず世界的にも例の少ない大規模な貸出市場への介入だった。当然、政府系金融機関の直接融資よりもはるかに大きな役割を果たすことが予想され、政策内でもこの劇薬ともいえる制度の実施に慎重な向きも少なくなかったとされる。

特別保証には、政府部門が借り手企業の信用リスクを引き受けることにより、民間金融機関による貸し渋りが緩和され、収益性の高い事業を企業が行えるようにするプラスの効果が期待され、中小企業に対する貸し渋り・貸し剥がしに対して、特別保証には、厳しい銀行の貸出態度を緩和する役割が

表 4-1　諸外国の保証割合

	アメリカ	イギリス	ドイツ	フランス	イタリア	カナダ	韓国
保証割合	75% (15万ドル超) 85% (同以下)	75%	50-80%	70% (創業企業) 50% (それ以外)	50%	85%まで	70-85%

出所：中政審資料による。http://www.chusho.meti.go.jp/koukai/shingikai/kihon/2005/download/050712seisakubukai.shiryou3.pdf より作成。

表 4-2　保証料率の推移

年度	保証料率	保険料率
～2002	基本保証料率　1.0%	普通：0.57%　無担保：0.43%
2003～	有担保：1.25%　無担保：1.35%	普通：0.87%　無担保：0.87%

出所：http://www.chusho.meti.go.jp/koukai/shingikai/kihon/2005/download/050712seisakubukai.shiryou3.pdfhttp://www.chusho.meti.go.jp/koukai/shingikai/kihon/2005/ download/050712seisakubukai.shiryou3.pdf より作成。

表 4-3　段階別保証料率の例（1,000 万円超・無担保の場合）

料率区分	1	2	3	4	5	6	7	8	9
保証料率	2.20	2.00	1.80	1.60	1.35	1.10	0.90	0.70	0.50
責任共有保証料率	1.90	1.75	1.55	1.35	1.15	1.00	0.80	0.60	0.45

出所：全国信用保証協会連合会（2013）8 頁より作成。

期待されていた。同時に、もともと信用保証に付随する収益性の低い企業しか特別保証を利用しないという逆選択、銀行からモニタリングされないのに乗じて特別保証利用企業が経営努力を怠るモラル・ハザードが懸念された。これらの問題は、担保を提供する場合が少なく、申請件数が膨大となった特別保証制度においては、特に懸念が大きく、実際にも、企業が「信用保証付貸付を得て株に投資した」、「とくに使い道はなかったが、借りられるというので信用保証付貸付を得た」、「信用保証付貸付を得て一ヶ月で倒産した」という例や、既存債務の借換え（旧債振替）などがあったため、批判も多かった。

しかし、特別保証の利用により、①自己資本比率区分を問わず、特に長期の借入制約が緩和され、企業の債務比率が増加すること、②自己資本比率が高い（信用力の高い）企業ほど、収益率が向上する傾向があること、③全体でも企業の収益率が向上すること、とする研究もある。政府が企業の信用リスクを負うことによって、銀行が貸出を増やし、企業が収益性の高い事業を行うという効果が、モラル・ハザードや逆選択によって企業が収益性の低い事業しか行わないという効果を上回っている。特別保証は、中小企業の効率性の改善に全体としてプラスの効果があったと、植杉（二〇〇六）は評価した。

緊急保証等の場合

原油高、サブプライム問題、リーマン・ショックなどで中小企業対策として、景気対応緊急保証制度が二〇〇八年一〇月に導入され、一〇〇%保証の措置となった。この制度は二〇一一年三月に終了したが（累計で一五〇万二、〇〇〇件、二七・一七兆円の保証承諾額、八五万社の利用。『中小企業白書二〇一一年』第2―1―1図による）、既存制度のセーフティネット保証として継続している。セーフティネット保証は、中小企業信用保険法第二条第四項に規定された「特定中小企業者」に対して適用され、取引先等の再生手続等の申請や事業活動の制限、災害、取引金融機関の破綻等により経営の安定に支障を生じている中小企業者について、保証限度額の別枠化等を行う制度だ。同法第二条に八つの適用対象が規定されており、その第5号に「業況の悪化している業種」があって、対象は全国で一時ほぼ全業種が適用対象になり、緊急保証制度の受け皿となっていた（一〇〇%保証は継続）。その実績は、二〇一二年二月には一五万一、五〇〇件・二・二七兆円となった（『中小企業白書二〇一二年』第1―1

表 4-4　公庫の信用保険等業務勘定の保険収支と政府出資金の推移（億円）

区分	10年度	11年度	12年度	13年度	14年度	15年度	16年度	17年度	18年度
保険収支	△1,883	△2,093	△4,504	△5,795	△6,047	△4,324	△2,560	△1,676	△28,886
（うち特別保証分）	252	△816	△2,608	△3,462	△3,399	△2,322	△1,353	△777	△14,489
決算整理後の損益	0	△1,865	△4,725	△5,953	△6,078	△4,092	△2,557	△1,631	△26,904
政府出資金	3,298	3,365	5,987	1,698	4,037	972	(注) 3,647	902	23,908
							5,521		
（うち特別保証分）	1,803	3,150	4,500	510	1,636	-	-	-	11,599
損失処理後の保険準備資金の残高	7,247	8,746	10,008	5,753	3,712	592	1,683	954	

注：平成 16 年度の政府出資金 3,647 億円には、旧中小企業総合事業団の「高度化、新事業開拓促進及び指導研修勘定」からの承継分 2,525 億円が含まれている。
出所：『平成 17 年度決算検査報告』より作成。

—18図による)。このような一〇〇%保証は、緊急措置とはいえ、モラル・ハザードを伴うもので、責任共有制度への復帰が必要だろう。信用保証協会全体での全保証承諾残高は二〇一二年六月末には三三・六兆円であり、民間の中小企業向け融資残高の約一五%にのぼる。

このような安定化保証・緊急保証は、再保険を行う日本政策金融公庫の収支を悪化させる。表4—4は、日本公庫の信用保険部門の収支をみたものだが、特別保証の赤字が二〇〇〇年度以降大きくなり、二〇〇五年度までの累計で一・四四八九兆円の赤字を計上した。このため公庫に二〇〇八〜二〇〇二年に一・一五九九兆円、信用保証協会に二、九〇〇億円公費が投入された。表4—4にあるように、保険収支は特別保証以外でも赤字で、一九九八〜二〇〇五年度で二・八八八六兆円に及び、この間政府出資金は二・三九〇八兆円になった。この部分が中小企業に対する補助金といえる。このように、信用保証制度には、公庫の信用保険部門において、民間の信用リスクを負担することになり、この負担が補助金効果をもち、民間金融の補完を行っているといえよう。

(4) 地方自治体の制度融資

地方自治体は、都道府県レベル、市レベルで個別の制度融資を行っている。その多くは目的別の低利固定金利融資で、国の制度ではカバーしきれない補完的なもので、地元の金融機関とタイアップしたものが多い。実態は補助金的性格のものだ。融資類似業務だ。

この制度融資が充実しているのが東京都だが、小口資金融資・小規模企業融資・創業融資・経営支援融資・企業立地促進融資・再建資金状況改善融資（企業再建・リバイバル・借換え等）・災害普及資金融資・自立組合融資等多岐にわたる。

国の制度である政策融資（日本政策金融公庫等）と重複する印象もあるが、国の制度でカバーできない分野を対象とするともいえよう。例えば、創業融資について、日本政策金融公庫の新創業融資制度と、東京都の制度融資とを比較すると、貸付限度額、金利、返済期間、自己資金の要件、勤務経験など、多くの点で東京都の制度融資の方が有利となっている。政策公庫の場合には、会社の代表者自らが保証人にならなくても創業融資を受けられるという利点があり、会社が倒産しても借金から免責される利点がある。東京都制度融資は、信用保証料を信用保証協会に支払う必要があり、金利はやや有利だが、総合的には判断が難しく、何れが優れた創業融資制度だとは一概には断定できない。

都道府県レベルだけではなく、市町村レベルにも制度融資がある。例えば、東京都の新宿の場合、民間金融機関への融資の紹介という形で制度融資を実施し、利子補給・保証料補助を行って、中小企業の本人負担を減じている。とくに、商店街空き店舗活用支援融資（店舗改装資金（貸主特例））、債務一本化資金融資、商店会向け制度融資等の独自の制度もある。

筆者の居住する神奈川県藤沢市にも「藤沢市中小企業融資制度」という市内中小企業の振興と経営の安定を図るため、金融機関を通して事業資金の融資を行う制度がある。融資を利用する際に、利子補給と信用保証料補助を行うもので、商店街づくり推進等に特徴がある。制度融資の数は、一九七七年度に、都道府県が四九九、市町村が九六一の計一、四六〇だったが、一九九九年度にはそれぞれ九三九、三、〇八八の計四、〇二七へと拡大し、二〇〇三年度ではそれぞれ九三一、三、三八二、計四、三一三となり、この四半世紀で都道府県の制度融資は二倍弱、市町村の制度融資では三・五倍に激増しており、制度数が多く分かりにくくなっている。なお、保証債務残高に占める制度融資の割合は、信用保証協会全体では約四割に上っており、五割を超える協会も一〇協会に及んでいる。

制度融資の内容としては、小規模企業支援、新規創業支援、再生支援などを目的として、全国的規模で実施されている保証制度の条件を一部緩和したものが多いが、地方自治体が地域の特性に応じ、観光振興貸付、水産加工業振興資金等独自の制度を創設しているものもみられる。制度融資の代弁率は、二〇〇三年度で二・二六％（期末の残高ベース）で、協会全体の代弁率（同三・二八％）に比して、低い水準となっており、比較的リスクの低い層に対する保証が多く行われているといえよう。ただし、個々の制度融資についてみると、相当程度代弁率が高く、債務残高も大きな制度が存在する。例えば、代弁率が一〇％を超え、かつ、債務残高が一〇億円を超える制度は、二〇〇三年度において一一制度存在する。なお、制度融資の多くは、金利の上限が設定されており、保証協会のある都道府県及び五市の全融資制度一、〇一八制度のうち、九六三制度で金利の上限が設定されており、金融機関が独自に決めることができる制度は五五制度に留まっている。また、上限金利は一・四％から二・二％の間に設定されているものが多い。

(5) 民間金融の促進行政

政策的な直接融資、民間融資の促進（信用補完制度）の他に、金融行政は民間金融機関の中小企業向け貸出を促進する諸施策を行っている。戦後四半世紀にわたって採られていた金利規制は、預金金利の自主規制だけではなく、臨時金利調整法により貸出金利も低位に抑制してきた（人為的低金利政策）。これは、市場で決定される金利水準よりも貸出金利を抑制することにより、事実上の補助金を借り手である企業に与えるもので、低い預金金利適用の預金者から企業への所得移転でもあった。これは企業全体に対するもので、中小企業に限定されたものではないが、借入依存度の大きい中小企業には相応のメリットがあった。専門金融機関制度により、中小企業向け金融機関として相互銀行、信用金庫・信用組合制度を整備したことも、中小企業向け貸出の円滑化を意図したものだった。

金融行政はオフサイト（監督）、オンサイト（検査）で行われるが、金融自由化・金利自由化・金融業務範囲規制緩和・金融制度改革の進展の中で、中小企業向け融資が停滞しないように、中小企業向け融資の目標等の設定をオフサイト・モニタリング等で求める等により、民間金融機関の中小企業向け貸出を誘導してきた。

二〇〇〇年代に入って、いわゆる不良債権問題の解決策として金融再生プログラムが発出され（二〇〇二年一〇月）、その一環として地域金融機関向けの不良債権処理策としてリレーションシップ・バンキングが導入されたが、これはまさに中小企業金融の円滑化・活性化を意図したものとも理解できる。具体的には、行政がアクション・プログラムを作成し、地域金融機関に行動計画の策定を求め、その成果を行政がチェックする方式（チェック・シート方式）だった。二〇〇五年からは地域密着型金融行政とネーミングが替わり、二〇〇七年からは監督指針の中に採り入れられ、現在は地域金融機関に対する恒久な制度として金融行政に位置づけられている。公的資金注入によるエコノミック・キャピタル充実により地域金融の活性化を意図する金融機能強化法や近年の中小企業金融機能円滑化法もこの範疇といえよう。

この他、日本銀行が民間資産を購入するオペレーションも金融行政の一環と理解できよう（後述のCLOの買入れなど）。さらに、二〇〇〇年代に従来の証券取引法等の資本市場関連法制が金融商品取引法として整備されたが、各種のファンド等の活性化に寄与するものだった。

第2節　中小企業金融の新たな手法——担保の拡大と知的資産

(1)　動産担保の活用

一九九九年の中小企業基本法の改正により、二〇〇〇年代に中小企業金融に新たな手法が導入された。売掛債権担保融資保証制度の創設やCRDの創設がその嚆矢となった。民間金融機関が不良債権問題に呻吟する中で、減少する中小企業向け融資を活性化させ、デット・ファイナンスからエクイティ・ファイナンスへ舵を切る手法が検討された。

その成果として売掛債権担保融資を拡大し、金融審議会リレーションシップ・バンキング・ワーキンググループで整理された「過度の担保・保証に依存しない融資」として動産担保融資等（ＡＢＬ）の導入、個人保証問題（本人保証・第三者保証）、証券化、ベンチャー・ファイナンス、ファンド組成、ＣＲＤの活用、知的資産活用等が実現していった。さらに、経済産業省の産業資金課・知的財産政策室等が取り上げた電子記録債権の導入、知的資産経営報告書の整備等に関する金融インフラの整備も進み、併せて中小企業会計の整備、中小企業の再生手法の整備等も進んだ。

(2)　売掛債権担保融資

日本では、金融機関から融資に際して、担保として不動産が圧倒的に活用され、過度の不動産担保依存が課題だった。いわゆる動産担保の活用だ。担保・保証に過度に依存しない方向としては、売掛債権担保融資保証制度（二〇〇一年一二月発足）、動産担保（二〇〇四年一一月に動産譲渡登記制度（民法の特例法改正））発足、包括保証の限定化（二〇〇四年一〇月民法改正）、公的保証制度の第三者保証の廃止（二〇〇六年四月以降）、経営者本人保証の緩和（二〇一四年二月）等がある。

中小企業は、図４―１のように、一九九九年度に九〇・八兆円の土地を有するが、ほぼ同額の八七・一兆円の売掛債権（売掛金・受取手形）を有しているにもかかわらず、担保としての活用は低調だった。その理由は、売掛先の倒産により売掛債権が無価値になるリスクがあること、売掛債権担保には管理コストが嵩むこと、風評被害の怖れがあること（資金繰りから悪いので売掛債権まで利用して資金調達したという風評）等だった。しかし、海外では売掛債権も担保として活用されており、日本でも

図 4-1　中小企業の保有資産

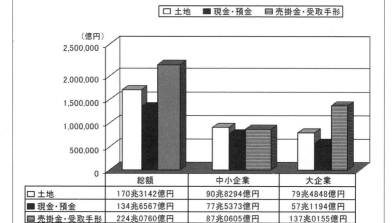

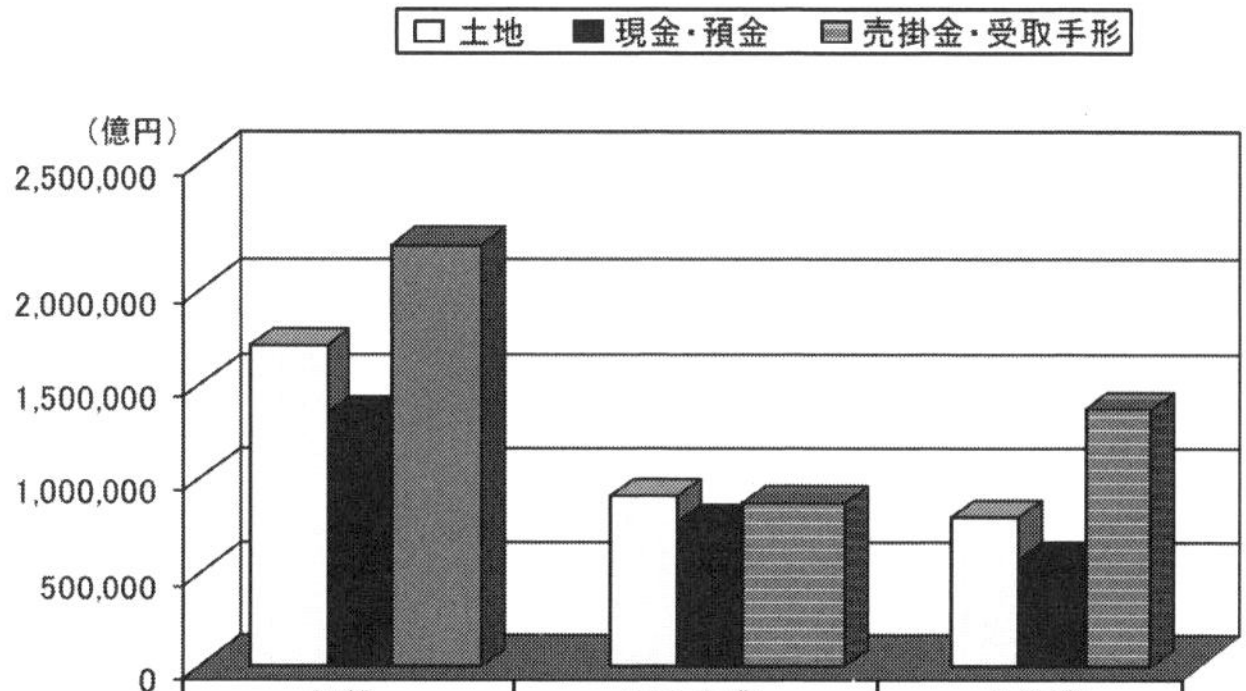

	総額	中小企業	大企業
□土地	170兆3142億円	90兆8294億円	79兆4848億円
■現金・預金	134兆6567億円	77兆5373億円	57兆1194億円
▤売掛金・受取手形	224兆0760億円	87兆0605億円	137兆0155億円

出所：大蔵省「法人企業統計年報」（平成 11 年度）。
注：小企業とは、資本金 1 億円未満の法人企業、大企業とは、資本金 1 億円以上の法人企業を指す。

出所：http://www.chusho.meti.go.jp/kinyu/download/uri_haikei_genjo.pdf より作成。

その活用が必要とされていた。二〇〇一年一二月にその活用策として売掛債権担保融資保証制度（中小企業の売掛債権を担保として金融機関が融資する場合に信用保証協会が保証する）が導入され、〇一年補正予算で五九億円が計上されて、不動産担保からの脱却と中小企業の資金調達の円滑化が図られた。

　この制度の普及には、中小企業の保有する売掛債権を担保として金融機関・信用保証協会に譲渡する必要があり、売掛先の債権譲渡禁止特約の解除を事前に承諾してもらう必要がある。債権譲渡禁止特約の解除は公的機関等では困難な場合もあり、部分的な解除で実行可能になっている。二〇〇二年末には四、五八七件・一、七一八億円の規模だったが、〇三年末に一万四七九件・四、三七七億円、〇四年末に二万三、八四一件・六、八五一億円、〇五年末に四万一六九件・九、五二五億円に拡大した。

二〇〇七年八月には在庫（棚卸資産）を担保することも可能になり、流動資産担保融資保証制度と改称された（ＡＢＬ保証ということもある）。

(3)　ＡＢＬの整備

ＡＢＬ

二〇〇三年三月二八日の「リレーションシップバンキングの機能強化に関するアクションプログラム」（金融庁）や〇四年五月二八日の「新しい中小企業金融（担保・保証に過度に依存しない融資への取り組み等）」（経済産業省産業構造審議会産業金融部会）、〇五年三月二八日の「地域密着型金融の機能強化の推進に関するアクションプログラム」（金融庁）等を経て、中小企業金融における、動産や債権を担保とした融資への取り組みが注目されてきた。

先の売掛債権担保だけではなく、広く動産担保を活用する融資が模索され、動産債権担保融資としてＡＢＬ（動産債権担保融資）として定義されるものが必要とされ、企業の事業収益資産に着目し、在庫や売掛債権等を活用した新たな資金調達の方法とする融資手法として普及が図られている

経済産業省のＡＢＬインフラ整備調査（『二〇〇八年度ＡＢＬ借り手向けテキスト』）では、ＡＢＬは企業の事業価値を構成する在庫（原材料、商品）や機械設備、売掛金等の資産を担保とする融資であり、不動産担保や個人保証に過度に依存しない金融手法としている。このような金融行政や経済産業行政を背景に、政府は資金調達の多様化やそれに伴う担保法制の検討を目的とした「企業法制研究会（担

保法制度研究会）」（二〇〇三年一月）において不動産担保から事業の収益性に着目した資金調達手法への転換、とりわけ企業が保有する在庫や債権等の事業収益資産を担保として資金調達で活用できるよう、対抗要件の具備に関する公示制度を提言するなどの取り組みを行ってきた。

法的環境整備としては、二〇〇四年一〇月一二日に第一六一国会に提出された「債権譲渡の対抗要件に関する民法の特例等に関する法律の一部を改正する法律案」があり、旧債権譲渡特例法を「動産及び債権の譲渡の対抗要件に関する民法の特例等に関する法律」と改題し、同年一一月に成立、二〇〇五年一〇月に施行されて、企業が保有する動産・債権を活用した資金調達の活用について途が開かれたのだ。併せて、法人が行う動産の譲渡に係る登記制度（動産公示制度）も創設され、動産・債権譲渡に係る公示制度が整備された。これらにより、債務者を特定していない将来債権の譲渡についても登記により対抗要件を備えることができるようになり、また、集合動産の譲渡登記によって在庫など、将来の動産に関しても譲渡の対抗要件を備えることが可能となり、在庫や売掛金等流動資産を担保とするタイプのABLにおける貸し手の権利の安定性が改善された。

経済産業省では、二〇〇五年度に開催された金融機関、実務経験者及び学識経験者を委員とするABL研究会において、ABL普及のための今後の課題を報告書として取りまとめたほか、ABLのテキスト（一般編、実務編）を経済産業省のHP上で公表している。また、二〇〇七年度にはABLに携わる事業者等にとっての実務指針となる「ABLガイドライン」の策定、金融機関等の実務の参考資料としての「ABLテキスト」の作成を行っている。

このような取り組みの成果として、各金融機関のABLへの取り組みが促進され、ABLの融資実績も着実に増加して、ＡＢＬは胎動・繋明期から普及・拡大期に入ってきている。二〇〇八年秋以降のリーマン・ショックによる厳しい環境の下、機動的な資金調達を可能とするために自社の債権・動産を活用しようとする動きが活発化している。

ＡＢＬの形態・課題

ＡＢＬとは、企業の事業そのものに着目し、事業に基づく様々な資産の価値を見極めて行う貸出で、事業のライフサイクルに着目して企業の将来価値を重視するもの、と表現される。典型的なパターンの一つを例にあげれば、以下のような融資だろう。企業は、在庫と売掛債権に担保を設定して、金融機関等から融資を受ける。その際、金融機関は、在庫の市場性や売掛先の支払能力などに基づいて一定の担保評価を行い、貸出枠（コミットメント・ライン）を設定、企業はその枠内で融資（この場合は運転資金）を受けることができる。この貸出取引を継続していくには、企業は定期的に在庫や売掛金状況を金融機関に報告し、金融機関は評価替えを行うという約束が必要だ。このほかにも、主要売上先の変更などを報告するなど、事業内容について継続的に情報を共有するためのルールを設定する。

ＡＢＬは、前述の表現とは別に、「企業が不動産以外の動産（在庫や機械設備等）・債権（売掛金等）などの流動性の高い資産を担保として借入れを行なうものである」といういい方（流動資産担保融資）もされるが、この例をみれば、実は単純に担保だけの話ではないことがわかる。つまり、不動産担保などと異なり、ＡＢＬの担保は事業活動（あるいはその結果）そのものなので、必然的に、「今、事業がどのように動いているか」について、継続的に、企業と金融機関が情報を共有する仕組みないし契約（コベナンツ）がセットされている。

このことは、企業からみれば、事業を拡大したいというときに、不動産担保では限界があったとしても、ＡＢＬの場合には、拡大した事業に伴って在庫や売掛金も増大すれば、それに応じて運転資金の枠も拡大するというメリットがある。また、事業そのものが健全ならば、例えば仕入れ価格の一時的な上昇で赤字になったとしても、そのことをよく理解している金融機関から安定的に融資を受けられるようになる、といった場合もあろう。金融機関からみれば、融資先の事業の状況が常に把握でき、万が一、事業がうまくいかなくなった場合でも、コベナンツや担保設定契約に基づいて、早めに事業の立て直しなどについて企業と相談することができるという点で、企業とのリレーションがより緊密となり、結果的に他の貸出と比べて、リスクを抑制することができるというメリットがある。

ＡＢＬは、このように、企業、金融機関双方に少なからずメリットをもたらす手法であるものの、いままではその活用が進んでいなかったのが現実だった。その理由として、例えば、在庫を活用しようとする場合、担保価値を適正に評価することが困難な場合が多いこと、処分・換金するマーケットが限られていること、第三者による善意取得に対抗できないこと（担保物件の確保が難しいこと）などがあげられる。このような課題に対して、法的整備として、前述のように、動産譲渡登記制度等創設がなされた（登記による対抗要件の具備）。さらに、債権譲渡担保に関しては、第三債務者（売掛金の支払者など）が不特定の将来債権についても登記ができるようになったので、制度的な制約は取り除かれてきた。

二〇〇七年度中に新規に実施されたＡＢＬの市場規模は、件数ベースで九、一五八件、実行額ベー

図4-2 ABLで担保取得対象となる貸借対照表の動産・売掛債権

資産の部負債・純資産の部	資産の部負債・純資産の部
流動資産 現金・預金 受取手形 **売掛金** 有価証券	流動負債 買掛金 短期借入金 未払金 未払法人税等
原材料 **商品** **仕掛品**	固定負債 長期借入金
固定資産 有形固定資産 建物 **設備** **機器（工具・備品）** 土地 無形固定資産 投資その他の資産	純資産 資本金 資本剰余金 利益剰余金 自己株式

スで二、七四八億円で、二〇〇八年三月末時点の残高は二、三四六億円だった。なお、融資実行額上位二〇機関の融資実行額合計は、約二、〇〇〇億円で、全体の七割以上を占めている。融資対象業種の割合をみると、小売業が最も高く二四・二％、次いで製造業が二三・一％だった。対抗要件の具備方法では動産譲渡登記のみのケースが半数以上を占め、占有改定のみのケースは三三・四％だった。さらに、二〇〇八年度中に新規に実施されたABLの市場規模は、件数ベースで一〇・四五七件、実行額ベースで二、八二〇億円、二〇〇九年三月末時点の残高は四、四三六億円だった。新規に実施されたABLの件数を、融資対象業種別の構成比でみると、製造業が最も多く一九・二％を占め、次いで小売業が一七・九％だった。対抗要件の具備方法では、動産譲渡登記のみのケースが五四・六％と二〇〇七年度調査と同様に最も多かった。

(4) リスク・データベースの構築（CRDなど）

CRD

中小企業の資金調達問題は、その財務状況が正確に把握できないということだろう。そこで、中小企業の経営状況を客観的に把握し、その評価を行うことで、信用度を評価することが金融機関の融資金利の適用や信用保証協会の保証料率の適用に当って重要な情報になる。すなわち企業の信用リスクに対応した金利設定・保証料率設定を可能にすることやBIS規制のリスク対応資本の算出等に当り信用リスクの把握が重要で、そのインフラが必要になる。このニーズに対応するために組成されたのが、CRDだ。

CRDは、一九九九年に中小企業庁が国家プロジェクトとして組成したデータベースで、全国五二の信用保証協会と一部の政府系金融機関・民間金融機関の支援・協力を得て、「中小企業信用リスク情報データベース整備事業」としてスタートした。中小企業の経営データ(財務・非財務データ及びデフォルト情報)を集積するもので、二〇〇〇年度には五信用保証協会・三政府系金融機関・三民間金融機関から構成されるリーディングユーザ会議を開催し、CRDの基本的事項の整理・システム仕様等を検討した。二〇〇一年三月には運用機関として、全国五二の信用保証協会を中心に任意団体CRD運営協議会が設立された。設立の趣旨は、データから中小企業の経営状況を判断することを通じて、中小企業金融に係る信用リスクの測定を行うことにより、中小企業金融の円滑化や業務の効率化を実現することを目指したものだった。その後、会員・蓄積データも増え、中小企業の経営関連データを集積する金融インフラとしての地歩が固まり、二〇〇五年四月有限責任中間法人として法人格を取得し、二〇〇九年六月一般社団法人CRD協会となった。二〇〇五年三月には二四〇機関が会員としてデータを提供しており、その評点は信用保証協会の料率区分、金融機関の金利設定等に活用されているほか、中小企業自身が自らの経営財務ポジションを認識し、適用保証料率・適用金利を事前に把握できるシステム（中小機構の「経営自己診断システム」）となっている。このように、金融機関にとってリスク把握に有効でリレーションシップ・バンキングを補完するだけではなく、中小企業にとっても有用なシステムである点に注目しておきたい。ただし、スコアリング・モデルに依存した融資手法はトランズアクション・バンキングであり、機械的な融資手法になりがちなので、ソフト情報を加味した融資手法となることが望ましい。二〇〇〇年代半ばにメガバンクなどがスコアリング・モデルを活用して中小企業貸出を増加させたが、成功したとはいえない。東京都が設立した新銀行東京もスコアリング・モデルによる融資を行なったが失敗したといえよう。

鹿野（二〇〇八）によれば、CRDには二〇〇五年三月末に、一九九七年を始期として累計二〇〇万社個票データが蓄積されている。二〇〇三年中に決算期を迎えた中小企業は〇五年三月末に五六万社で、中小企業会社総数一六〇万社の三割強という。

CRD協会の会員は、金融機関等が対象で、正会員は入会金二〇〇万円、年会費四〇〇万円で、スコアリングサービス、統計情報提供サービス、サンプルデータ提供サービス、中小企業経営支援サービス、リスク管理支援サービス、コンサルティングサービス等の利用が可能な一方、データ提供の義務がある。

CRD以外のリスク・データベース

①日本リスク・データ・バンク（ＲＤＢ）

四大金融グループ及び地方銀行を中心とした全国の五〇以上の銀行・金融機関が参加するもので、貸出先企業の信用状態や財務情報を共有するデータベースコンソーシアムで、二〇〇〇年四月の設立以来、約六〇万先の国内企業に関する財務情報を集積し、参加金融機関に情報還元している。統計的、定量的な手法に基づく信用リスク管理の高度化を目的とした匿名のデータベースであり、各種信用調査会社と異なり具体的な企業名・所在地等、企業を特定できる情報は有していないのが特徴だ。

②ＣＲＩＴＳ（全国地方銀行協会）

全国六四の会員銀行対象の共同事業で、地銀界では、早くから、統計情報や金融工学等を駆使した科学的・合理的な信用リスク管理手法の開発を共同で進め、二〇〇六年度末から導入されたバーゼルⅡ（Basel Ⅱ）等への対応の一環として、二〇〇四年一二月、全会員銀行が参加する「信用リスク情報統合サービス（ＣＲＩＴＳ）の運営を開始した。金融工学の発展や地方銀行のリスク管理の高度化を踏まえ、みずほ第一フィナンシャルテクノロジー㈱、㈱金融工学研究所（コンサルタント／アドバイザー）、㈱ＮＴＴデータ（ＩＴベンダー）のサポートを受けつつ、ＣＲＩＴＳを運営している。また、これらの専門業者と連携し、二〇一〇年四月に目途とした次期ＣＲＩＴＳのサービス開始を目指している。

③ＳＤＢ（信用金庫業界）

信用金庫業界の中小企業信用リスク・データベースが、ＳＤＢだ。信金中金、しんきん情報システムセンター（ＳＳＣ）及び信金共同事務センター等の業界のシステム関係会社が一致協力して、信用金庫業界の中小企業信用リスク・データベース（ＳＤＢ）を運営している。信金中金の研究所が担当（地域・中小企業研究所）し、各信用金庫は、ＳＤＢを活用することにより、融資審査や信用リスク計量化、貸出金のポートフォリオ管理、プライシングなど、信用リスク管理の高度化への取り組みを進めている。

(5) 定性情報の把握――知的資産・知的資産経営報告

知的資産・知的資産レポーティング

リレーションシップ・バンキングが地域金融機関に必要なことを示した二〇〇三年金融審議会報告では、企業の財務情報だけではなく、非財務情報（定性情報・ソフト情報）の重要性を指摘したものだった。これは、中小企業のもつ知的資産をいかに評価するかの問題だ。通常、企業の競争力の源としての人材・技術・技能・知的財産（特許、ブランド等）、組織力、ネットワーク、戦略等は財務諸表に表れない知的資産とされ、ＥＵ諸国ではその評価などを行っている。この知的資産を融資の審査において評価し物的担保・人的保証に替わるものとして位置づけることが重要だ。何よりも、地域金融機関が中小企業の知的資産経営を評価し、それを担保価値として認識し、融資実行までに定着させれば、中小企業サイドでも普及促進の効果をもつ一方で、企業経営者自らに対して知的資産経営を気づかせ、積極的な意識づけとその活用につながるものとなるし、ＢＣＰ（緊急時企業存続計画）の観点からも重要となろう。例えば、中小企業は知的資産経営報告書の作成を行い、その内容を金融機関が財務諸表と併行して審査に活用すればよい。財務諸表のない創業企業にはこの知的資産経営報告書のみでも審査対象となる可能性がある。

二〇〇五年八月産業構造審議会新成長政策部会経営・知的資産経営小委員会は中間報告を纏め、知的資産経営の重要性を示したが、これはこの分野で初めての文書だった。その報告書では、前述のような背景を述べたうえで、「このような状況下で、日本経済が中期的な活力を維持していくためには、企業がこれまでのように、「規模の経済」やプロセス技術の進歩によるコスト削減ではなく、これまでとは異なるやり方でグローバルな市場の中で持続的にレント（超過利潤・利益）の確保ができるような経営をすることが必要になってきているといわれ、そのような能力を有する企業が真に競争力のある企業といえる。・・・企業が持続的にレントを確保するためには、企業が自らの強みを維持・強化し、提供する商品やサービスの個性を伸ばして他社との差別化を行うこと、それを重要な経営資源・自社の競争軸と認識して、「差別化の状況を継続」することが必要である」と指摘し、この「差別化」こそ、「知的資産経営」と考えた。

統合報告書

この非財務情報（ソフト情報）の活用は会計分野でも進み、「統合報告書（ＩＲ）」の作成とその有効性が議論されている。企業はその価値表現・ＩＲ等として、有価証券報告書、事業報告、アニュアル・レポート、ＣＳＲ報告書、環境報告書（環境・社会・ガバナンスというＥＳＧ情報）、サステナビリティ報告書、決算短信、決算説明資料、コーポレートガバナンス報告書等の企業情報に関する開示すなわち「コーポレート・レポーティング」を行っている。これらは、法令が要求するものから、自主的なものまで、歴史とともに拡大してきた経緯がある。こうした環境の中で、ただ単にステークホルダーから求められるままに情報を開示するのではなく、適切に社内の情報を整理・把握したうえで、体系的かつタイムリーにステークホルダーとのコミュニケーションを行い、企業の真の姿や社会的・貢献、企業価値を伝えることは、事業展開、資金調達の国際化がますます進展する中で、企業にとって重要性が増している。二〇一〇年七月、現在のコーポレート・レポーティングにおける期待ギャップへの対応や、コーポレート・レポーティングに関する負担を軽減することを世界レベルで協議する目的のもと、国際統合報告委員会（ＩＩＲＣ）が設立された（ＩＩＲＣは、国際的に合意された統合報告フレームワークを構築することを目的として、二〇一〇年七月に設立された民間の任意団体）。

「統合報告書」とは、企業の売上げや利益などの財務情報と、ＥＳＧ（環境・社会・統治）問題への対応や中長期の経営戦略などの非財務情報を関連づけて報告しようとするものだ。ＩＩＲＣは、二〇一一年九月にディスカッション・ペーパー（公開草案）を公表し、二〇一三年四月にコンサルテーション・ドラフトという草案を公開した。

ＩＩＲＣは統合報告書をコーポレート・レポーティングにおいて主流となることを最終的に目指しているとされる。当面は、ディスカッション・ペーパーに基づく実証実験的なパイロット・プログラムを二〇一一年一〇月から開始した。世界から当初七〇社が参加し、日本からは武田薬品工業、昭和電機、新日本監査法人、その後フロイント産業が参加している。参加費は年一万ポンド。統合報告に関しては、欧州を中心に検討が進み、欧州委員会は二〇一〇年一一月より非財務報告に関するコンサルテーションを実施し、二〇一一年五月の結果報告においては、統合報告に関する一定の合意が得られたとの報告をしている。また、二〇一一年七月から、二〇一二年に提出される予定の法規則案へのインプットを得るため、投資家、企業、会計士等から構成される専門家グループを構成し、非財務報告のあり方についての検討を進めている。南アフリカでは、ヨハネスブルグ証券取引所に上場する企業は、これまでの年次報告書に代えて、二〇一〇年三月一日以降に開始する期から統合報告書の作成が義務づけられ、すでに多くの南アフリカ企業による「統合報告書」が作成されている。GRIの二〇一三年三月の発表によれば、二〇一一年版報告書を作成した二、〇一五社中三五〇社が統合報告書を作成したといい、一、〇〇〇社近くが導入したという。日本でも数十社の作成例がある（先の四社の他、野村ホールディングス、川崎重工、ローソン、日本郵船、リコー、凸版印刷、ニコン、キリンホールディングス等）。

金融行政でも、預金等受入金融機関に関わる検査マニュアルには、「中小企業に適した資金供給手法の徹底に係る具体的な手法例」として「特許、ブランド、組織力、顧客・取引先とのネットワーク等の非財務の定性情報評価を制度化した、知的資産経営報告書の活用」が記載されており、中小・地域金融機関向け監督指針にも同趣旨の記載があるように、知的資産経営報告の活用の重要性が認識されている。監督指針には「地域金融機関は、資金供給者としての役割にとどまらず、長期的な取引関係を通じて蓄積された情報や地域の外部専門家・外部機関等とのネットワークを活用してコンサルティング機能を発揮することにより、顧客企業の事業拡大や経営改善等に向けた自助努力を最大限支援していくことが求められている。特に、貸付残高が多いなど、顧客企業から主たる相談相手としての役割を期待されている主たる取引金融機関については、コンサルティング機能をより一層積極的に発揮し、顧客企業が経営課題を認識したうえで経営改善、事業再生等に向けて自助努力できるよう、

図4-3　無形資産活用と売上高成長率・デフォルト率

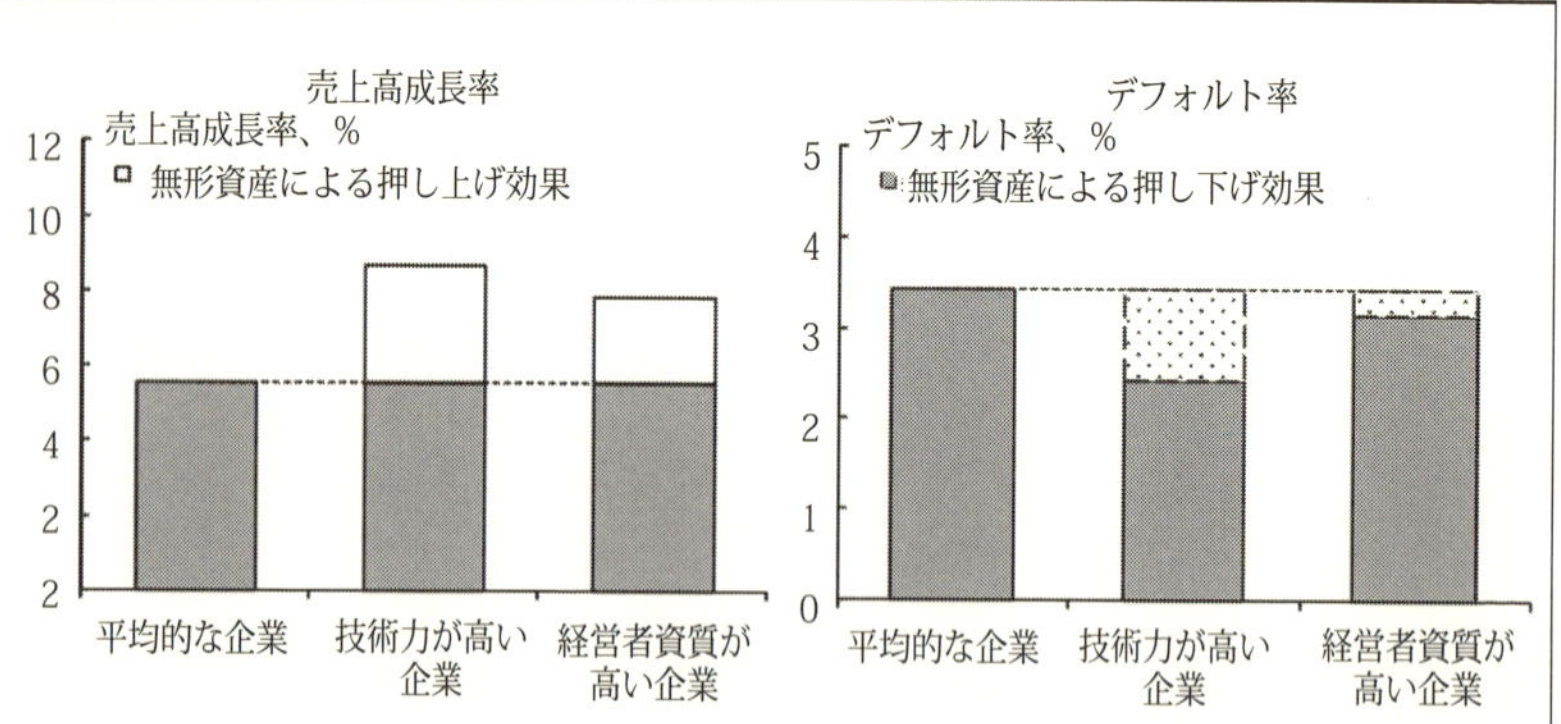

出所：日本銀行『金融システムレポート』2013年4月号、25頁より作成。

最大限支援していくことが期待される」としている。

知的資産ないし無形資産を活用した企業のパフォーマンスの良さを検証した研究があり、いずれも利用した方が良好であることが示されている（図4―3）。

第3節　個人保証の問題

(1)　中小企業金融における個人保証――個人保証の機能と問題点

中小企業金融において、個人保証は信用補完や経営規律という機能を有しているとされている。中小企業では、経営者個人と企業の資産・資本が十分に分離されず、経営者と企業の一体性が強く、株主や債権者等の利害関係者が少なくかつ固定的だ。その財務諸表について、会計監査を受けずに、ディスクロージャー目的ではなく課税所得算出の目的で作成していることが多い。家計と経営の未分離や、財務諸表の低い信頼性は、資金供給者の中小企業の経営・財務の実態把握を困難にし、経営者の個人保証には企業の信用補完かつ経営に対する規律付けという機能がある。経営者以外の第三者の保証には、副次的な信用補完や経営者のモラル確保のための機能があるが、経営との一体性を欠くために、その機能する範囲は経営者の個人保証とは異なる。

個人保証の問題点として、企業が経営困難に陥った場合においても、経営者が保証債務の履行請求を恐れることが、事業再生の早期着手に踏み切れないという傾向を助長し、事業価値の毀損が進むことにより企業の再建が困難となること、その結果金融機関の債権の回収率の低下にもつながることがある。

図 4-4　帝国データバンク調査（特許庁委託）の分析

出所：帝国データバンク（2013）42 頁（経済産業調査会版、58 頁）より作成。

金融機関が一律または形式的な保証徴求する場合に、無税償却が認容され難くなり、スムーズなオフバランス処理を妨げる。これは、金融機関の債権償却に際し、保証人の責任を厳格に追求しなければ無税償却が認容され難いという税務上の問題があり、結果として保証の徴求が、スムーズなオフバランス化を妨げることにつながる。

さらに、経営者や第三者の保証人は、結果として支払能力を超えた保証債務の負担に追い込まれ、経営者として再起を図るチャンスの喪失や、社会生活を営む基盤すら失うような悲劇的な結末を迎えることもある。

⑵　債権保全における個人保証の限界

債権保全の観点からの個人保証の有効性に関して、金融機関が取得した個人保証の効力、特に包括根保証人の責任について、判例は、契約締結時の金融機関による説明の有無やその内容、保証人として徴求することについての合理的必要性の有無等に着目して、これらが不十分な場合には、免責や責任の軽減等を認める傾向にある。

第三者を包括根保証人とすることには、金融機関の債権保全の観点からみて有効性に限界があり、弊害も大きい。こうした判例の傾向を踏まえ、すでに多くの金融機関において、経営に実質的に関与していない第三者を包括根保証人とするような取扱いを行わない態勢作りとなっている。

経営者の個人保証であっても、金融機関が保証を徴求した目的について、信用補完よりももっぱら経営規律にあるとの説明が行われた場合については、事後的に保証責任が軽減される可能性がある。さらに、保証人に対する説明義務が、情報提供と保証意思の確立ならば、保証債務の負担という意思及びその保証債務の実行により自らが責任を負担する意思の両方が必要であり、いずれかの意思形成過程に瑕疵があると、事後的に保証責任が免責あるいは軽減される。

金融機関は、判例の流れ等を踏まえ、個人保証の必要性の如何を見直し、保証人の適正な意思形成には、どのような内容の説明を行うべきかについて十分に検討したうえで、その検討の結果に従った説明を確実に実施する体制を整備していく必要がある。制度的には、個人保証のうち第三者保証については、信用保証協会の第三者保証が二〇〇六年四月から原則禁止となっている。金融庁も二〇一一年七月の「監督指針（主要行向け、中小・地域金融機関向け）」において、保証協会の取扱いに準拠した形で、企業経営に関与しない第三者の個人保証を原則禁止の扱いとした。経営者の本人保証についてはモラル・ハザードの防止効果・経営への規律づけ効果・不正の抑止効果等があるが、一度破綻すると再起が困難になるので、停止条件付の個人保証契約の検討が必要となっている（倒産を見越した資産隠し・粉飾決算等の不正が発覚した場合にだけ保証責任を発生させるもの）。

経営者の個人保証に関しては、企業再建を行う際に外部のターンアラウンドスペシャリスト（事業再生の専門家）が経営者に就任した場合や、関連会社の役員として親会社の社員が派遣される等、経営者と企業の一体性が認められない場合について、代表者の保証を徴求することは不合理だとの批判も存在する。

(3) 経営者本人保証の限定

二〇一三年一月〜四月に「中小企業における個人保証等の在り方研究会」が中小企業庁・金融庁で設置され、「経営者の規律付けによるガバナンス強化、企業の信用力の補完、情報不足等に伴う債権保全」という有効性は認めつつ、「法人個人の一体性の解消等が図られている、あるいは、解消等を図ろうとしている中小企業等に対しては、コベナンツないし停止条件付保証契約（または解除条件付保証契約）、ＡＢＬ等の個人保証の機能を代替する融資手法のメニューの充実を通じて、借り手の資金ニーズを勘案しつつ、貸し手と借り手の双方において保証に依存しない融資の一層の促進が図られることにより、借り手における健全な事業運営や貸し手における健全な融資慣行の構築が期待される。また、行政当局としてもそのための環境整備を図る必要がある」と提言しており、民法の改正等が検討されているほか、日本商工会議所と全国銀行協会を事務局とする「経営者保証に関するガイドライン研究会」が検討を重ね、二〇一三年一二月に「経営者保証に関するガイドラインについて」が発表され、二〇一四年二月一日から実施された。

経営者保証には経営者への規律づけや信用補完として資金調達の円滑化に寄与する面がある一方、経営者による思い切った事業展開や、早期の事業再生等を阻害する要因となっているなど、保証契約時・履行時等において様々な課題が存在する。これらの課題を解消し中小企業の活力を引き出すため、中小企業、経営者、金融機関共通の自主的なルールとして同ガイドラインが策定された。その概要は、①法人と個人が明確に分離されている場合などに、経営者の個人保証を求めないこと、②多額の個人保証を行っていても、早期に事業再生や廃業を決断した際に一定の生活費等（従来の自由財産九九万円に加え、年齢等に応じて一〇〇万円～三六〇万円）を残すことや、「華美でない」自宅に住み続けられることなどを検討すること、③保証債務の履行時に返済しきれない債務残額は原則として免除すること、といった点だ。これにより、経営者保証の弊害を解消し、経営者による思い切った事業展開や、早期事業再生等を応援するもので、第三者保証人についても、上の②、③については経営者本人と同様の取り扱いとなる（フランスでは、過剰債務の制限、過大な保証義務の制限、保証人の保護が実施されてきた)。とくに、代表者の個人保証について、個人事業者本人についても生活に必要な資産(居住用住宅等)は残すべきという考え方から、個人と事業の財産を分離する法制が整備されている。

第5章

中小企業金融の新たなインフラ

第1節　市場型間接金融

(1)　複線的金融システムと市場型間接金融

日本の金融システムにおいては、産業金融システム（預金・貸出による資金供給システム）だけではなく、市場型金融システム（価格メカニズムを活用したシステム）の必要性が認識されるようになった。これを複線型金融システムというが、両システムを繋ぐシステムとして市場型間接金融が注目されている。

市場型間接金融については、証券投資信託のように金融機関の資金調達行動に代替する局面での議論がある一方で（蠟山〔二〇〇二〕）、各種の投資家へのリスク移転に注目して、金融機関保有の貸出債権を流動化する面に集中する議論もある。後者の債権の流動化、すなわち、銀行によって組成された貸出債権を、市場取引の担い手である機関投資家などに引き渡す貸出債権市場や証券化などが、ここでいう市場型間接金融だ。この債権流動化という方式は、アメリカでのローンセール市場の発達にみられるほか、貸出関連の市場の担い手としては銀行以上に、ファイナンス・カンパニー、投資信託や年金基金などの機関投資家、証券化の媒体となっているSPCや信託などが存在する。アンバンドリングが活性化しているからだろう。

二〇〇二年九月の金融審議会『将来ビジョン報告』は、「複線的金融システムでは、市場型間接金融という、専門的なサービスを伴う個人と市場、市場と企業をつなぐ資金仲介が有効で、伝統的な銀行を通じる間接金融と区別されるシステムが重要とした。具体的には、貸出債権の売却や証券化等がその事例とされ、機関投資家をはじめとする多様な金融仲介機関に対する期待が高まり、その過程で投資対象に対するガバナンス機能の発揮も期待されるとされる。中小企業金融においては、産業金融モデルの今後の有効性を認めても、企業の成長段階等に応じて多様な資金調達手段が提供されるとともに、資金調達に伴う様々な金融サービスが提供されることが必要となる。成熟期の企業には再活性化のための組織再編成支援や資本市場からの資金調達スキーム、起業段階での外部資金調達などにも、市場の利用可能性は高まるとされている」と指摘した。

このような専門的なサービスを伴う個人と市場、市場と企業をつなぐ資金仲介を、資産流動化、債権流動化、証券化などと呼ぶが、市場型間接金融を狭義に取れば、金融機関の保有債権が市場にリンクするという意味で貸出債権の流動化のみとすることも可能だ（ＣＬＯ）。また、証券化と流動化を区別する場合、証券化を、

①資産保有主体のキャッシュフローに注目し、
②その資産をＳＰＶ（特定目的機関）に移転することにより資産をオフバランス化し、
③有価証券発行を通じて、
④資産保有主体の信用力とは独立に資産の信用力に依存した資金調達を行う、

金融手法と定義したとき、①と④のみを行うのが流動化ということも可能だ。

いずれにしても、市場型間接金融は、金融仲介機能のアンバンドリングや市場によるガバナンス機能の向上を図るものとして期待されるほか、リレーションシップ・バンキングを補完ないし補強する

手法として理解できよう。

『将来ビジョン報告』が指摘したように、日本は従来の産業金融モデルという単線的システムから、市場金融モデルを活用した複線的システムへ移行することが必要とされている。単線的金融モデルにおける産業金融モデルに依存することは、金融仲介機関に過度のリスク負担を要求することであり、不良債権問題で顕在化したような脆弱性を温存することになる。ただし、中小企業金融を理解する場合、この産業金融モデルの典型である点を正しく理解し、市場金融モデルをも活用した複線的金融システムにおいても、「少なくとも中小企業や個人等に対する金融においては、今後とも産業金融モデルの有効性は失われないものと考えられる」ので、いわゆるリレーションシップ・バンキングの有効性は縮小するものではないことに留意する必要がある。

『将来ビジョン報告』の基となった『金融システムと行政の将来ビジョン』（日本型金融システムと行政将来ビジョン懇話会報告、二〇〇二年七月一二日）でも指摘されているように、「いくら調達の場としての市場の使い勝手が向上したとしても、すべての中小企業や個人に利用できるはずもなく、地域金融機関が情報の非対称性を縮減しリスクシェアリングする機能は、今後とも基本的に有効であり続けるだろう。・・・（中略）・・・アメリカで小規模の銀行が、営業上は地域限定、財務上は保守的な方針を堅持しつつ、良好な財務構造を維持し、地域経済の中で役割を果たしていることからも、地域金融機関へのニーズが急激に低下するとは考えにくい」ので、地域金融機関の役割すなわち中小企業金融における産業金融の役割は大きい。とはいえ、リレーションシップ・バンキングがこれまでの手法に留まっている限り、単線的金融システムにおける産業金融モデルが抱えた困難を克服することはできず、リレーションシップ・バンキングを担う地域金融機関にリスクが集中し、増大するリスクを支えきれなくなり、また地域集中リスクのような困難には対応できなくなる。

(2) 市場型間接金融の手法

証券化——民間融資の活性化効果

市場型間接金融としては、

①資産担保証券——クレジット債権・リース債権などを担保とするもので、特定債権法（一九九三年六月施行）により一般化した手法、

②貸出債権担保——CDO（CLO、CBOも含む）、住宅ローン債権担保（RMBS）など。組成時にオリジネーターからSPVへの信用リスク移転を、原資産の譲渡ではなく、クレジット・デリバティブによって行うシンセティック型も活用される、

という証券化手法がある。技術的には、信託方式もビルトインされていることもある。裏付けとなる資産に注目して、企業の資産を裏付けとするもの（売掛債権担保証券、ABCPなど）と企業の負債（金融機関の資産）を裏付けとするものとがある（CDOなど）。証券化は、厳密には、i優先劣後構造によって原資産の信用リスクを第三者に移転する、ii商品のキャッシュフローのみに依存している、iiiスペシャライズド・レンディングの要件（特定資産のみを返済源とする融資であること）を満たさない、とされることもある。

これらの証券化手法は、既述のように、金融仲介機能の低下、信用の裏付けとなる資産の不足、個々

表 5-1　証券化の実績（2000 年代前半）

2001 年 3 月（CLO）	952 社	325 億円	2.47%	3 年・期限一括返済	5,000 万円	全額保証	・三和銀行 ・東海銀行
2002 年 3 月（CLO）	2,489 社	881 億円	平均 2.92%	5 年（2 年半据置後分割返済）、等	8,000 万円 5,000 万円	うち 50 億円保証なし	・三井住友銀行 ・東京ター銀行 ・BNP パリバ
2003 年 3 月（CLO）	2,300 社	1,100 億円	2.807% 等	3 年（据置後分割返済）、5 年（2 年半据置後分割返済）	1 億円	うち 550 億円保証なし	・三井住友銀行 ・みずほ銀行
2003 年 3 月（CBO）	189 社	150.6 億円	2.57%	2 年一括償還	1 億円	保証なし	・みずほ銀行
福岡県新金融システム（CLO）							
2002 年 7 月	597 件	139 億円				全額保証	・三井住友銀行
UFJ 銀行による CBO							
2002 年 3 月	384 件	512 億円	短プラ（1.375%程度）			保証なし	・UFJ 銀行
大阪府 CLO							
2002 年 12 月	542 件	371 億円	基準金利＋1.250～3.950%	約 1 年据置後、6 ヶ月毎の 5 回返済	3,000 万円～1 億円	保証なし	・三井住友銀行
2003 年 2 月	約 400 件	約 250 億円	同上	約 1 年据置後、3 ヶ月毎の 9 回返済	同上	保証なし	・大和銀行 ・リーマンブラザーズ証券

出所：中小企業庁資料より作成。

の中小企業の信用力不足、担保・保証への過度の依存、中小企業自身の自己資本の脆弱性（融資の擬似エクイティ化、担い手・手法・リスク対応などについて多様化が不可欠）という中小企業金融の現状に対する一定の対応を示すものと理解される。すなわち、民間の中小企業向け融資の活性化効果をもつ。

資産流動化は、企業が保有する流動性のない営業資産（貸出債権、売掛債権、リース債権、クレジットカード債権など）を一般の資産から切り離してプールし、必要な信用補強を施した後に、これを担保として証券を発行し（小口化して発行することもある）、投資家に売却する一連のスキームをいうが、金融機関の貸出債権における流動化の側面と、企業の資産における証券化の側面の両面がある。

具体的には、①低金利資金の導入、②

資産負債総合管理（ALM）の手段、③資金調達手段の多様化、④リスク負担転嫁による経営効率化、⑤オフバランス化による財務の改善と自己資本規制などの法的規制の回避、という効果のほか、機関投資家の投資資金を導入する意義をもつ。中小企業にとっては、保有する売掛債権を流動化できれば、資金調達の多様化につながる。優良な資産だけを集めて証券化できれば、高い格付けが獲得できるので、低利での資金調達が可能になる。中小企業の証券化の利用度は低く、二〇〇三年七月当時、八件で約四、三〇〇億円の規模だ（表5―1）。このほか大阪市、商工中央金庫の実績もある。

このような中小企業向けの証券化の実績は低く、克服すべき制約は多い。CLOについては、東京都の第三回スキームのB方式以外は信用保証協会の付保を前提としているが、信用保証協会以外の公的支援の可能性、公的支援なしの民間ベースのスキームの可能性、法制面・事務面の環境整備（二重譲渡の問題、将来債権譲渡など）、商慣行の制約（譲渡禁止特約条項など）の除去など多くの課題がある。中小企業向け債権の証券化には多くのメリットが認められるにもかかわらず実績が少ないのは、市場が十分育成されていないことに尽きるが、それだけに公的支援ないし政策金融による支援が期待される分野でもある。

(3) 日本銀行の資産担保証券買入れ

日本銀行は、二〇〇三年四月に中小企業向け債権を担保とする（資本金一〇億円未満企業の債権が五割以上）資産担保証券の買入れを発表した。これは、資産担保証券市場が一九九〇年代後半以降我が国でも発展を遂げつつあり、企業金融の円滑化という観点からみると、この市場の発展には、

①個々の資産をプールすることによって信用リスクが分散され、プールされた資産全体としてみると、個々の原資産よりも安全な金融資産を組成することができる、
②裏付資産全体のリスクを、リスクの低い部分と高い部分からなる階層構造（優先劣後構造）に再構成することにより、投資家のリスク許容度に応じた金融資産を提供することができる、
③以上の結果、企業金融の新たな手段が利用可能となる。とくに、相対的に信用リスクの大きな中堅・中小企業にとっては、新たな資金調達チャネルが拓かれることの意味は大きい、
④幅広い投資家の参加する資産担保証券の流通市場が形成されるようになれば、信用リスクの価格付けがより適切に行われるようになる、

といった効果がある。

具体的には、正常先でBB格以上の中小企業向け債権を裏付けとする資産担保債権やa―1格の資産担保CPを、二〇〇五年度末までの時限で、一兆円規模（残高ベース）の買入れを行う措置を実行した。同年七月から購入を始め、二、四〇〇億円程度の実績がある（二〇〇三年末）。資産担保証券を構成する債権の適格条件はその後緩和されている（当初は正常先に限定されていたものが緩和され、複数の格付け条件も緩和された）。この日本銀行の中小企業向け債権（資産）担保証券の買入れは、民間の融資を誘導・刺激する効果をもつものと理解されるが、企業が資金調達を行う際、その信用リスクを銀行だけが担うのではなく、市場（投資家）・公的部門との間で分担すれば、企業の資金調達が容易になり、銀行には新たな貸出余力が生まれ、かつ資産担保証券市場の規模の拡大により、この市場の流動性向上による資金調達コストの低下やアベイラビリティの増加という間接効果も期待できる。

すなわち、中堅・中小企業に対する新規の資金供給の円滑化が促され、ひいては金融緩和の効果波及経路（トランスミッション・メカニズム）の強化に役立つことを期待したものだった。しかし、中小企業対象の資産担保市場が揺籃期にあることから、時限措置とされた。日本銀行金融市場局「二〇〇五年度の金融市場調節」（二〇〇六年五月、一九～二〇頁）によれば、資産担保証券買入残高は〇・一兆円、ABCP分は二〇〇三年八月～二〇〇六年三月で累計三・二八七七兆円だ。

(4)　中小企業金融公庫の証券化――民間融資の促進効果、リスク低減効果

中小企業金融公庫は中小企業貸付債権の証券化を二〇〇四年七月に創設したが、これは民間金融機関の証券化支援を行うもので、買取方式（民間金融機関等の中小企業向け無担保債権等を譲り受けまたはCDS契約を活用して証券化する）、保証方式（民間金融機関等が自ら証券化する中小企業向け無担保債権等の部分保証や証券化商品の保証や一部買取を行う）、売掛債権証券化（民間金融機関等によるSPCへの貸付債権に対して保証の提供やSPCへの貸付を行い、中小企業の保有する売掛金債権の流動化を支援する）のスキームがある。民間の証券化を促進するとともに、それを通じて民間融資を活性化させる効果を有する。

その規模は、二〇〇四年度に二、五〇〇億円、対象企業は五、〇〇〇社程度とされる。証券化の対象は期間一～五年程度の無担保債権で、経営者本人以外の第三者保証は不要とする。一社当りの融資上限は五、〇〇〇万円程度で、地域金融機関には買取型、大手行向けに保証型を設定したともいわれる。保証型は部分保証で入口段階（証券化対象債権の保証）と出口段階（担保証券のシニア・メザニン部分の

表 5-2　中小公庫の買取型証券化のリスク低減効果

	参加金融機関単独での債権プール	買取型の実施効果
債権プール全体に占める都道府県別構成比の最大値（件数比） －地域集中リスク－	平均 85.1％ （機関別：43.9 ～ 100.0％）	26.10％
債権プール全体に占める業種別構成比の最大値（件数比） －業種集中リスク－	平均 15.8％ （機関別：7.4％～ 25.0％）	7.20％
債権プール全体に占める 1 社の最大構成比 －債務者集中リスク－	3.0％	0.20％

出所：中小企業金融公庫『平成 16 年度　業務に係る政策評価報告書』72 頁より作成。

保証）で保証を行う。これにより、民間の証券化を促進する効果をもつ。

買取型ではトランチングを行い、劣後部分は民間金融機関に一定割合の購入を義務づけるスキームとなっている。これにより、民間の証券化を促進し、民間の融資も活性化する効果をもつ。

このほかに、中小企業金融公庫自身の証券化もありうる（例えば、中小企業の無担保社債を引き受け、これを担保に証券化を行うもの）。二〇〇六年度に貸付元本型は買取型で三八七億円・保証型一一二億円、信託受益権等保有残高（買取型）三六億・保証債務残高（保証型）三四一億円だ（合計八七六億）。二〇一〇年度に貸付債権元本は買取型で三三億円、保証型ゼロ、信託受益権等保有残高（買取型）一四億円・保証債務残高（保証型）二億円だった（合計四九億）。しかし、二〇一一・二〇一二年度は実績ゼロで、証券化支援業務は低調だ（日本政策金融公庫のディスクロージャー誌による）。

証券化の効果は制度開始後間もないこともあり、充分な研究はないが、中小公庫の試算によれば、各種リスクの低減効果がある（表5―2）。証券化に参加した金融機関単独の債権プールと買取型全体の債権プールでの比較を行ったもので、買取型プールのほうが地域集中リスク、業種集中リスク、債務者集中リスクを低減する効果があるとされた。例えば、参加金融機関単独では債権プールに占める同一都道府県内の貸出構成比が平均八五・一％なのに対し、証券化した債権プールでは同構成比が二六・一％と小さくなり、リスクが同じ県に集中するのではなく、分散化していることが分かる。

第2節　電子記録債権

(1)　電子記録債権とは

売上債権（売掛金）や支払債務を電子データで決済する「電子記録債権（電子債権）」、すなわち企業の保有する手形や売掛債権を電子化し、インターネットで取引できるようにして、紙ベースの手形に代わる決済手段として、債権の流動化を促進し、事業者の資金調達の円滑化等を図る新たな金融インフラを構築し、減少し続ける手形取引に代わる電子手形と売掛債権の一層の活用を行い、中小企業金融の円滑化を図る手法が金融インフラとして整備された。電子債権は、手形債権や指名債権（売掛債権等）が抱える問題を克服し、事業者の資金調達の円滑化を図ることを目的として創設された新たな金銭債権で、電子債権記録機関が作成する記録原簿に電子的な記録を行うことにより、債権の権利内容が定められる。

電子記録債権制度は、二〇〇三年に、経済産業省が、中小企業の資金調達円滑化を目的として検討を開始し、中小企業のみならず、様々なビジネスモデルを検討して、電子記録債権法案が、法務省及び金融庁により国会提出されて、二〇〇七年六月に成立・公布され、二〇〇八年一二月に施行された。手形は便利だが、印紙代や事務負担、紛失などのリスクがあり、受取手形の流通額は一九九〇年度の約七二兆円をピークに二〇〇八年度は二九兆円にまで縮小した。一方で全産業を合わせた売掛債権は一八〇兆円（二〇〇八年度末）に上るが、二重譲渡の危険性があるため、手形のようには流通しにくい。そこで電子記録債権法の施行で電子債権を記録、管理する機関を設立できるようになり二重譲渡を防げることから、電子債権への移行が期待される。

電子記録債権については、二〇〇四年一二月～二〇〇五年三月に沖縄県で電子手形導入実証実験が行われた。地域の主要金融機関が業態の枠を越え、地元銀行協会が主体となって実施され、経済産業省、沖縄県、日本銀行などが協力した。信金中央金庫の提供する「電子手形サービス」を地元五金融機関が利用し、一二五の事業会社が参加して、約束手形の代わりに「電子手形」を利用し、振り出し五一一件、振出総額約六億五、〇〇〇万円、電子手形の分割四六件、譲渡七件だった。

電子記録債権とは、当事者の意思表示に加え、電子債権記録機関が作成する記録原簿に記録しなければ発生または譲渡の効力が生じない債権で、指名債権及び手形債権双方の特徴を併せ持つ柔軟性がある。実務的には印紙税の軽減や集金時間の節約などが期待される。電子記録債権の活用類型としては、①電子手形、②電子指名債権（電子売掛債権）、③リース・クレジット債権の流動化、④ＣＭＳへの活用、⑤シンジゲートローンへの活用等が想定された。しかし、法案の制定過程において、記録機関の財務健全性や運営基盤の安定性が重視されたため、現行法制では、③及び④は、事実上難しいと

図 5-1　電子記録債権

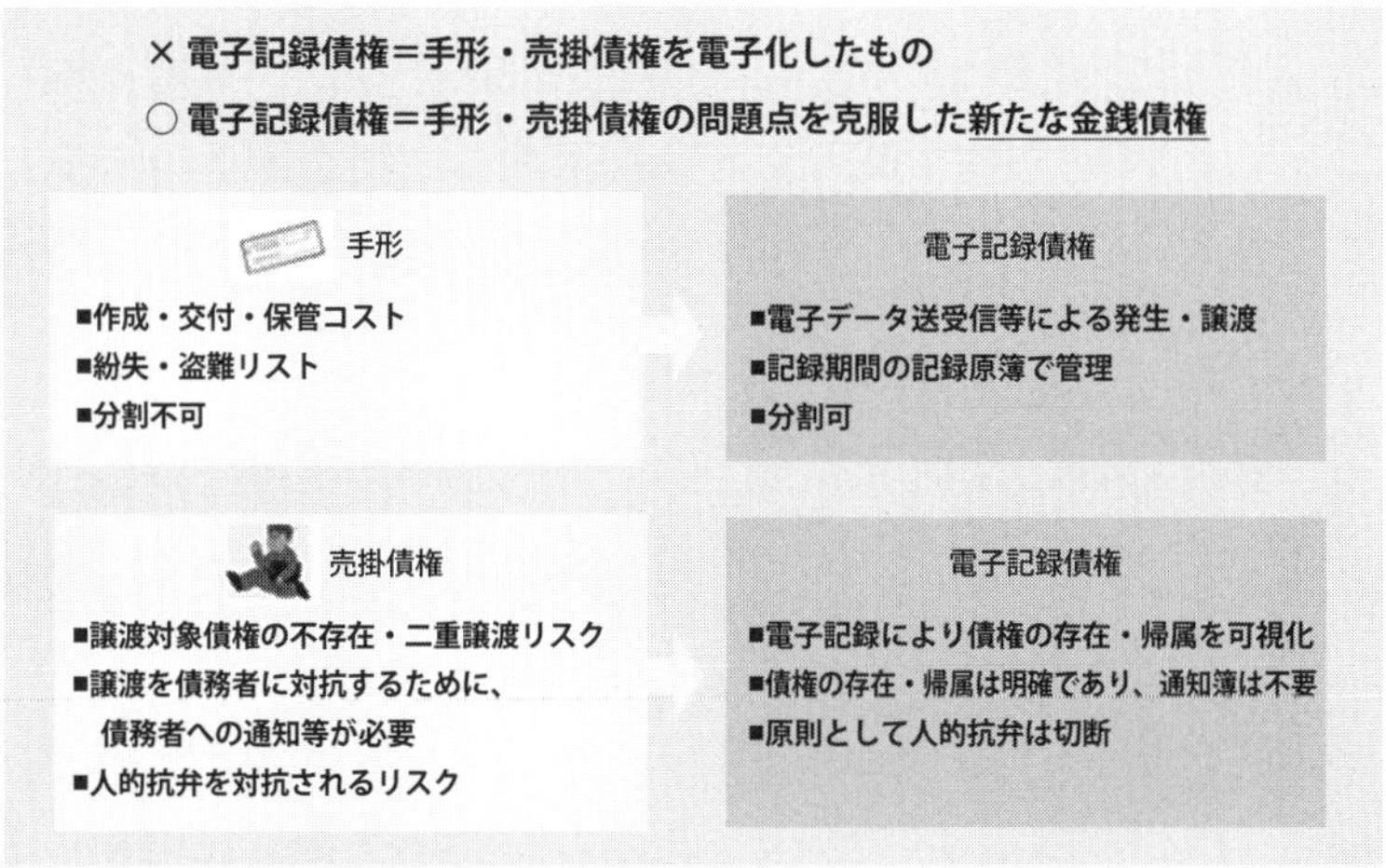
× 電子記録債権＝手形・売掛債権を電子化したもの
○ 電子記録債権＝手形・売掛債権の問題点を克服した新たな金銭債権
手形
■作成・交付・保管コスト
■紛失・盗難リスト
■分割不可
電子記録債権
■電子データ送受信等による発生・譲渡
■記録期間の記録原簿で管理
■分割可
売掛債権
■譲渡対象債権の不存在・二重譲渡リスク
■譲渡を債務者に対抗するために、
債務者への通知等が必要
■人的抗弁を対抗されるリスク
電子記録債権
■電子記録により債権の存在・帰属を可視化
■債権の存在・帰属は明確であり、通知簿は不要
■原則として人的抗弁は切断

出所：https://www.densai.net/about より作成。

みられている。経済産業省は、二〇〇七年度に中小企業金融円滑化に資するため、電子手形及び電子売掛債権の制度整備を検討し、大企業と中小企業、債権者と債務者が、合意することが可能な共通ルールの設定を図っている。

(2)　記録機関

電子記録債権制度の成否は、記録機関の創設にあることが認識されていた。先の電子記録債権法により導入準備がスタートし、三菱UFJ、三井住友、みずほの三メガバンクグループが電子債権の記録・管理機関を個別に設立してサービスを始めた。全金融機関ベースでは、全国銀行協会が「でんさいネット」（運営は㈱全銀電子債権ネットワーク）を構築し、全国の一、三〇〇の全金融機関が参加して、全金融機関で利用できる利点を生かし、電子債権での決済や裏書きなどにも対応する体制が、当初目標の二〇一二年スタートよりも遅れたものの、二〇一三年二月から開始された。企業には依然として取引金融機関で手形を割り引きたいという要望が強く、紙ベースの手形交換所に代わる決済インフラの役割を担うことになる。二〇一四年一〇月末には利用者登録が三九万三、〇〇〇社、利用契約件数は五二万件、発生記録請求件数は累計で四〇万件超となり、発生記録請求金額は約三兆円に達した。支払不能でんさいは累計で一四件だ。このでんさいネットのホームページには、「電子記録債権は、手形・指名債権（売掛債権等）の問題点を克服した新たな金銭債権です（手形・指名債権を電子化したものではありません）。電子記録債権の発生・譲渡は、電子債権記録機関の記録原簿に電子記録することが、その効力発生の要件です」とある。

三菱東京ＵＦＪ銀行は二〇〇九年八月、日本で初めて記録・管理機関（ＪＥＭＣＯ）を開業し、電子債権に手形の機能をすべてもたせ、裏書譲渡を繰り返して流通ができるようにしている（電手決済サービス）。貸付金を市場で売買する「セカンダリー市場」に電子債権を活用し、二〇一三年一一月末の取扱債権残高は一・二七二二兆円だ。

三井住友銀行は電子債権の利用促進のため、電子債権を特別目的会社経由で一括して買い取り、回収を代行する「一括ファクタリング」という独自サービスを採用し、主に中小企業が保有する大企業向けの売掛債権を扱う。一括ファクタリングでは債権を買い取る際の割引率が大企業向け融資利率を基に設定されるため、紙ベースの手形割引よりも中小企業にとって有利になる。銀行側にも優良企業向けの融資が増える利点がある。三井住友銀行によると、債権の二重譲渡を防げる電子債権の登場で、こうした仕組みが可能になったという。みずほ銀行も一括ファクタリングに取り組んでいる。三井住友銀行によれば、利便性では、「でんさいネット」が勝るものの、一括ファクタリングは売掛金をそのつど流動化させる機動性があるとされており、大半の金融機関で利用できる「でんさいネット」と、銀行単位で行う一括ファクタリングとの棲み分けが重要だ。

図 5-2　電子債権記録機関の役割

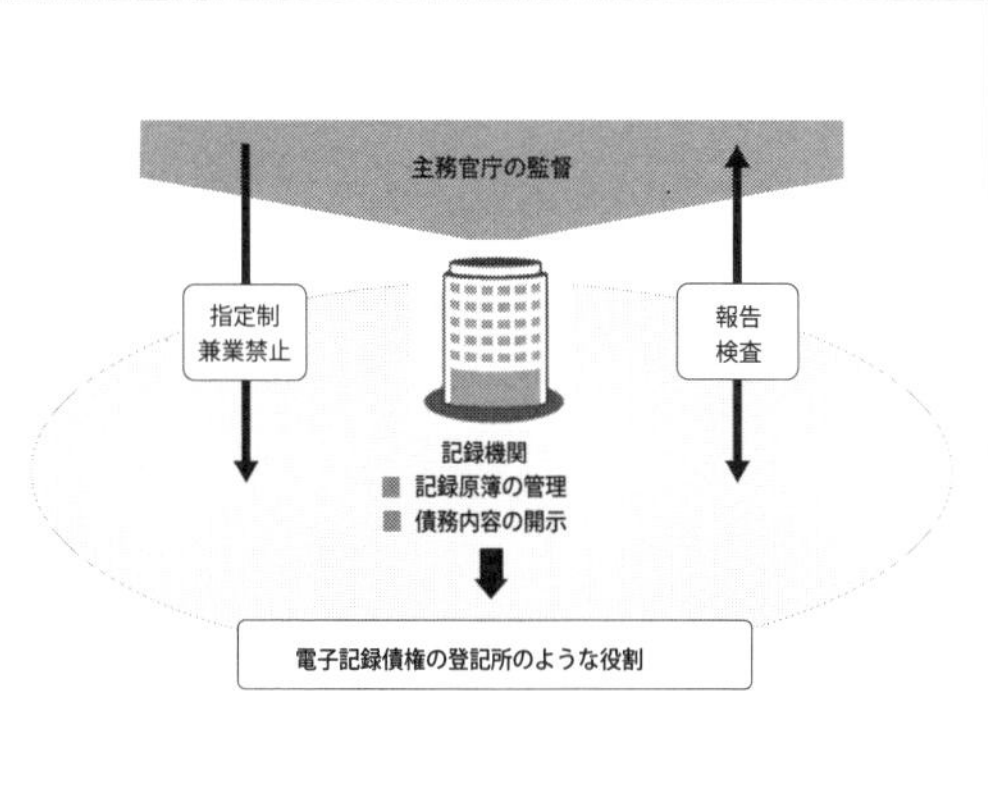

出所：https://www.densai.net/about より作成。

(3)　二つの電子記録債権

電子記録債権には、電子手形と電子売掛債権があり、取引銀行を通じて「でんさいネット」等の記録原簿に「発生記録」を行うことで、電子債権が発生し、譲渡記録による譲渡や分割譲渡が可能になる。支払期日には、自動的に支払企業の口座から資金を引き落とし、納入企業の口座へ払込みが行われ、「でんさいネット」等が支払完了した旨が「支払等記録」として記録される。また、手形と異なり、納入企業は支払期日当日から資金を利用することが可能となる。

紙ベースの手形は、作成・交付・保管のコストがかかるため、紛失・盗難のリスクがあること、また分割不可という問題点があることから、その利用は減少してきたが（図5―3）、電子記録債権では電子データ送受信等による発生・譲渡、記録機関の記録原簿で管理、分割可能という新たな金銭債権となり、手形の問題点が克服された。電子手形に重要な要件は、①利用者の事前審査を行うこと、②記録事項を限定すること、

図5-3 取引の安全性

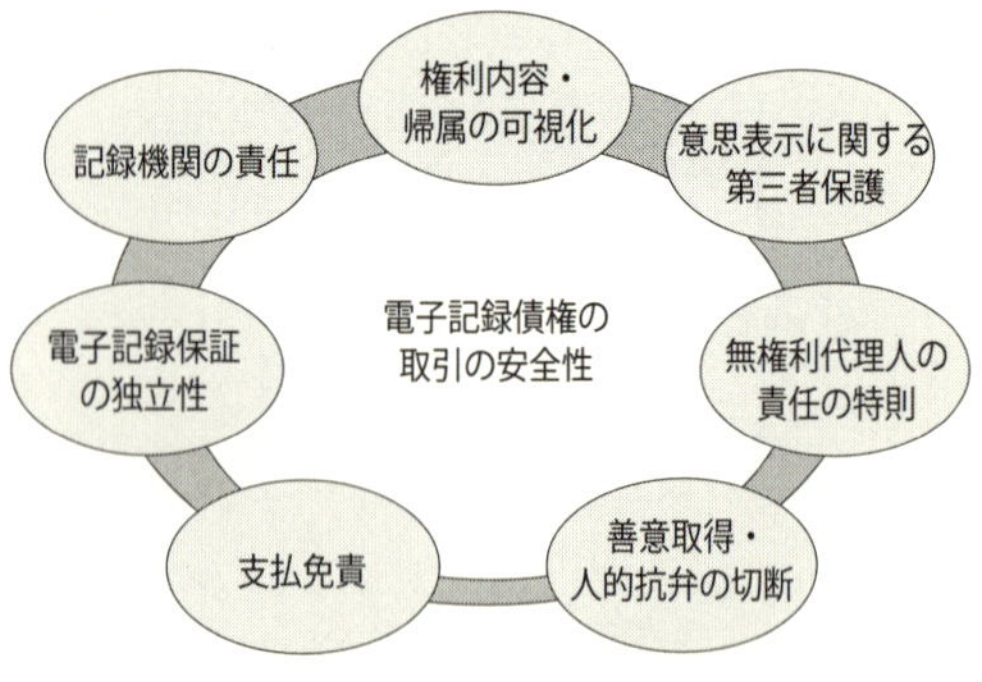

出所：https://www.densai.net/about より作成。

③記録請求手続きについて一定の条件下で、発生記録請求につき包括委任を容認すること、④譲渡人の担保責任について原則として「保証記録」が付されること、⑤譲渡禁止特約を設けないこと、⑥一定の条件下で、受取側が単独で債権を分割することが可能なこと、⑦不渡処分制度と同様の制度が整備されること、⑧下請法に適合する制度設計とすること、といった点だ。

また、売掛債権には、譲渡対象債権の不存在・二重譲渡リスクがあり、譲渡を債務者に対抗するために債務者への通知等が必要となり、人的抗弁を対抗されるリスクがあるという問題点があったが、電子記録債権では電子記録により債権の存在・帰属を可視化し、債権の存在・帰属は明確で通知は不要となり、原則として人的抗弁は切断されるというメリットをもつ。電子指名債権（電子売掛債権）に重要な要件は、①利用者の事前審査は必要としないこと、②任意的記録事項の項目について法一六条二項一六号に基づき政令で定めるべき事項は当面はないこと、③記録請求手続については電子手形と同様、④譲渡人の担保責任について責任を負うものとはしないこと、⑤譲渡禁止特約は必要だが全面的に禁止することは困難なこと、⑥債権の分割は一定の条件下に認めること、といった点だ。

今後の電子記録債権制度の発展については、電子記録債権が、第二の通貨となりうる潜在力を、メ

図 5-4　手形の利用の減少

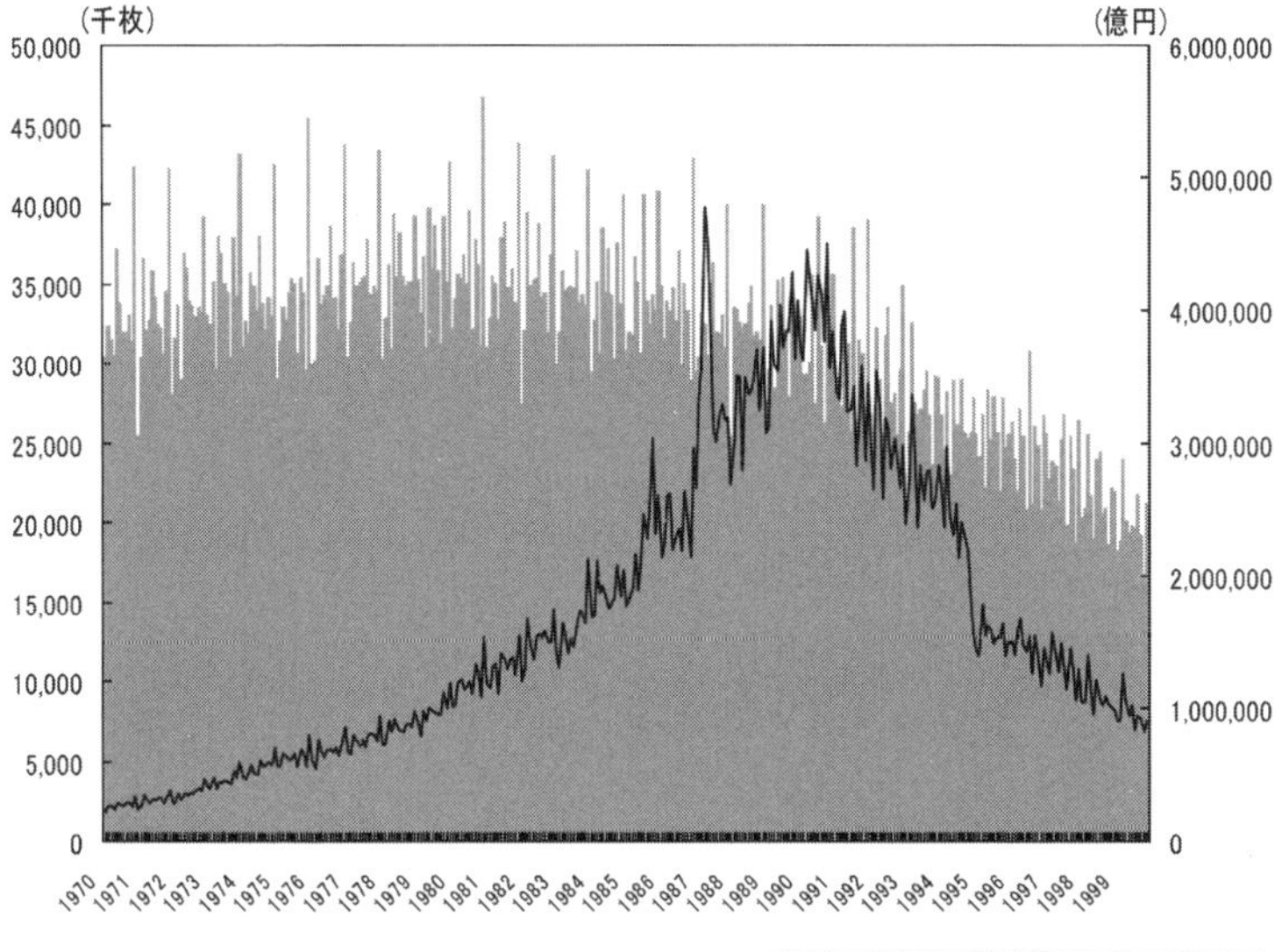

（出所）日本銀行「経済統計月報」

出所：https://www.densai.net/about より。

リット及びデメリットの観点から判断し、電子債権記録機関の監督規制が、どの程度緩和されるかにかかっている。

第3節　資本性負債（DDS、劣後ローン——メザニン・ファイナンス）

(1)　擬似エクイティ

中小企業では、資本的性格の資金もリスクマネーとしての性格を明確にせずに、法形式上、資本ではなく債務により調達されてきた。いわゆる擬似エクイティの問題だ。従来の法制度においては、債権と株式は異なるものとして二分されていたが、中小企業においては資本的性格の資金の調達が債務の形態で行われており、実態面においては、その相違は相対的なものだ。近年においては、制度面においても、債権と株式の相違の相対化が進んでいる。

商法における株式会社制度は、二〇〇一・二〇〇二年における四度の商法改正、二〇〇六年施行の会社法により、大きく変更され、債権と株式との中間的な機能を有する多様な株式の設計が可能とされた。改正後の商法においては、配当の優先性と議決権の制限との関係が解消され、配当以外の事項に関する種類株式が認められるようになり、配当の優先性とは無関係に議決権の制限を定めることが可能となった。

(2) 資本性借入金（DDS）の活用

二〇〇三年七月の「新しい中小企業金融の法務に関する研究会報告書」を受けた形で、〇四年二月二六日に「金融検査マニュアル別冊〔中小企業編〕」の改訂が行われ、中小企業の債務の擬似エクイティ部分を資本的劣後ローンに転換した場合（DDS）の取扱いについて新設の規定を明示した。資本調達手段が限られている中小・零細企業においては、事業の基盤となっている資本的性格の資金が債務の形で調達されていることが多い（擬似エクイティ的融資）。このような状況を踏まえて、金融機関が、中小・零細企業向けの要注意先債権（要管理先への債権を含む）を、債務者の経営改善計画の一環として資本的劣後ローンに転換している場合には、債務者区分等の判断において、当該資本的劣後ローンを資本とみなすことができることとした。この資本的劣後ローンをメザニンないしメザニン・ファイナンスと呼ぶ。

二〇〇八年二月には中小企業金融の円滑化、とりわけ中小企業における自己資本充実策拡大の一助とする観点から、資産査定における債務者区分の検討の際、債務者の実態的な財務内容の把握に当り、十分な資本的性質が認められる借入金は資本とみなすことができる旨、検査マニュアルに記載することとなった。具体的には、二〇〇八年度に創設される中小企業金融公庫の「挑戦支援資本強化特例制度（資本的劣後ローン）」のような十分な資本性が認められる借入金を資本とみなすことが可能になった。

前述のように、「金融検査マニュアル別冊〔中小企業編〕」には、借入金であっても、金融検査上は資本として取り扱うことができる「資本性借入金」について記載されていたが、二〇〇八年三月「十分な資本的性質が認められる借入金」は、資産査定において資本とみなされる、こととして「金融検査マニュアル」本体が改訂された。

このように、財務内容が悪化し、経営難の状態にある中小企業等の経営改善を図るに当り、「十分な資本的性質が認められる借入金」を資本とみなすことにより、財務内容を改善させたうえで、業況の改善に取り組むことが効果的と考えられるうえ、これにより当該中小企業の経営改善可能性が高まる（債務者区分がランクアップする）ことは、金融機関等による追加的な資金供給を容易にすると考えられる。このような経緯で、中小企業金融公庫の「挑戦支援資本強化特例制度」については、劣後ローンであることに加えて、資本とみなしてよいとされた（メザニン・ファイナンスといってもよい）。同様の理由から、中小企業再生支援協議会版「資本的借入金」等も同様の扱いになった（二〇〇八年一一月改訂）。「十分な資本的性質が認められる借入金」は資産査定において資本とみなすことができる旨「金融検査マニュアル」本体の改訂が実施されたが、規定上は新規融資、既存融資からの条件変更（D

※利用者登録数、利用契約件数は月末時点での累計

譲渡記録請求金額（百万円）	分割記録請求件数（件）	分割記録請求金額（百万円）	支払不能でんさい件数（件）	支払不能でんさい金額（百万円）	取引停止処分件数（件）
4	0	0	0	0	0
349	10	189	0	0	0
1,424	23	690	0	0	0
4,105	91	1,830	0	0	0
8,653	133	2,567	0	0	0
11,299	252	3,231	0	0	0
17,404	338	4,088	0	0	0
27,992	436	5,891	0	0	0
28,923	623	7,848	0	0	0
36,749	810	10,135	0	0	0
62,163	1,025	14,790	1	1	0
54,937	1,072	14,697	2	1	1
59,765	1,118	15,299	1	1	0
78,163	1,364	18,419	1	1	0
67,578	1,511	18,075	1	1	0
75,898	1,442	17,262	0	0	0
87,556	1,623	19,509	2	1	0
86,367	1,724	17,014	0	0	0
94,524	1,745	18,599	0	0	0
118,849	1,925	19,742	3	10	1
105,795	2,018	21,061	3	14	0

DS）のいずれであっても資本とみなすことが可能だ。しかし、金融機関等の間で新規融資のみを対象としていると受け止められたことから、「金融検査マニュアル」では、既存融資からの条件変更であっても資本とみなせる旨、明確に記載された。また、「金融検査マニュアル」等の記載で、「早期経営改善特例型」・「准資本型の資本型劣後ローン」という表現で区別されるようになった。

(3)　金融検査マニュアルの改訂

二〇一一年一一月の「金融検査マニュアル」の改訂により、「准資本型資本的劣後ローン」の運用の明確化がなされ、その活用促進

表 5-3　でんさいネット請求等取扱高（平成 26 年 11 月 14 日）

	利用者登録数（社）	利用契約件数（件）	発生記録請求件数（件）	発生記録請求金額（百万円）	月末残高金額（百万円）	譲渡記録請求件数（件）
平成 25 年 2 月	45,583	59,960	36	1,832	1,819	2
平成 25 年 3 月	124,464	152,444	370	6,811	8,439	26
平成 25 年 4 月	157,884	195,542	1,744	19,274	25,336	136
平成 25 年 5 月	187,530	234,115	3,989	34,434	55,270	410
平成 25 年 6 月	212,996	268,228	6,739	54,117	100,940	800
平成 25 年 7 月	238,172	302,524	10,411	85,829	170,877	1,389
平成 25 年 8 月	257,266	328,573	13,478	105,611	252,386	1,931
平成 25 年 9 月	285,151	365,593	16,270	121,566	338,927	2,675
平成 25 年 10 月	299,782	386,212	23,147	168,246	446,844	3,463
平成 25 年 11 月	310,423	401,481	27,346	209,167	582,129	4,290
平成 25 年 12 月	321,830	417,827	31,281	242,623	724,532	5,685
平成 26 年 1 月	330,953	430,668	34,404	259,994	857,346	5,675
平成 26 年 2 月	342,096	446,505	36,132	259,616	954,557	6,118
平成 26 年 3 月	361,334	472,949	40,577	316,892	1,065,638	7,655
平成 26 年 4 月	366,156	479,897	46,130	381,240	1,205,828	7,358
平成 26 年 5 月	368,987	484,128	46,461	362,375	1,303,675	7,705
平成 26 年 6 月	372,297	489,351	48,774	364,090	1,393,091	8,544
平成 26 年 7 月	376,027	495,291	53,623	401,754	1,462,845	9,696
平成 26 年 8 月	379,953	501,661	55,664	420,656	1,536,678	9,914
平成 26 年 9 月	388,335	514,073	57,928	414,232	1,587,855	11,215
平成 26 年 10 月	392,216	520,086	64,883	511,059	1,718,805	11,216

出所：https://www.densai.net/stat より作成。

が図られた。これは東日本大震災や急激な円高の影響を受け、財務内容が悪化した中小企業が増加している状況下で、資本不足により銀行からの資金調達に支障が生ずることから、資本の充実策が必要になってきたことを受け、貸出条件が明確ではなく、銀行が積極的に利用しているとはいえないことから、「資本性借入金」の積極的な活用を促進するための改正が行われた。

二〇一二年八月一〇日に金融庁が公表した地域金融機関全体の「資本性借入金」の活用件数をみると、二〇一〇年度において六一件だったが、二〇一一年一一月「金融検査マニュアル」の運用の明確化を図ったこと等により、二〇一一年度には、八五件に増加し、二〇一二年度においては、今後の予定も含め、四〇九件（二〇一〇年度に比べて六・七倍の増加）の活用が見込まれている。

第6章

―― 中小企業支援の新しい仕組み

第1節　ベンチャー・ファイナンス

中小企業のカテゴリーのうち、ベンチャー企業に対するファイナンスには固有の課題がある。ベンチャー企業の成長ステージごとに固有のリスクがあり、それに対して、各ステージごとに種々の金融手法が必要となる。とくに、シーズ段階の企業ならば、自己資金以外の資金調達は厳しく、自らの周辺の知人・親族などへの依存となる。スタートアップ企業であっても、トラック・レコード（業歴等）の無い段階での金融機関借入は困難だ。したがって、エンジェルのようなインフォーマル・インベスターの存在が不可欠となる。研究・技術開発（R&D）を事業化しようとする際に、資金調達の問題から事業化できないことを「死の谷」問題と呼ぶが（図6—1）、この「死の谷」を越えられない事業・企業は多い。事業リスクのうち、開発リスク・製造リスクが大きいためだ。

アーリー・ステージに至ってようやく制度化された金融の手段が活用可能になるが、それでも金融機関の審査対象とはなりにくく、たかだかIPO（株式の新規公開）へのアクセスが可能になるに留まる。IPOといっても、リスク・テイク能力のある投資化の存在が不可欠で、その市場形成が必要なインフラとなり、この分野での先進的なアメリカではナスダック（NASDAQ）というオンラインの取引所が整備され、成功を収めてきた。日本でもベンチャー企業育成のファイナンスの仕組み、とくにエマージング市場（IPO市場、振興市場）の整備が行われてきた。一九九五年七月に導入され

図 6-1 「死の谷」問題

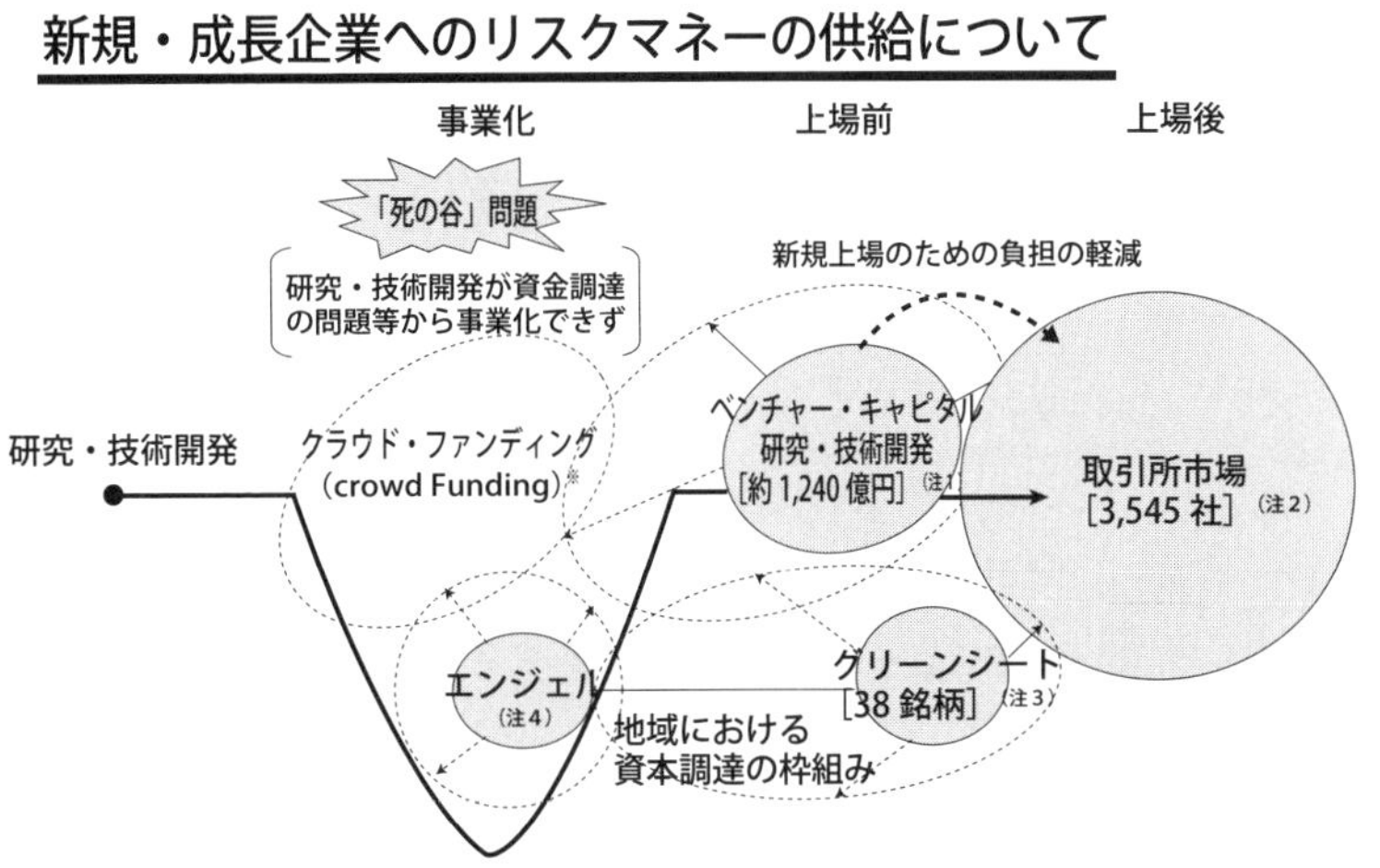

※クラウド・ファンディング(crowd Funding)とは、新規・成長企業と投資家をインターネットサイト上で結びつけ、多数の投資家から少額ずつ資金を集める仕組み。
米国では、新規・成長企業のリスクマネー供給策の一環として，昨年4月に成立した JOBS 法（未施行）において法制化された。

（注1）ベンチャー・キャピタル年間投融資額（2012年度）。米国は約23兆円（2011年）。
（注2）全国上場会社数（2012年末）。米国は NYSE（US）2,339社，NASDAQ2,577社（2012年末）。
（注3）グリーンシート銘柄数（2012年末）。米国におけるピンクシート登録銘柄数は 10,121銘柄（2011年10月末）。
（注4）エンジェル税制を利用した個人投資家の投資額は，約9.9億円（2011年度）。なお，米国におけるエンジェルの年間投資額は、1.5兆円程度といわれている。

出所：金融審議会「新規・成長企業へのリスクマネーの供給のあり方等に関するワーキング・グループ」（第1回、2013年6月26日）事務局説明資料1頁。http://www.fsa.go.jp/singi/singi_kinyu/risk_money/siryou/20130626/03.pdf より作成。

表 6-1　新興市場の状況

	創設	上場企業数
JASDAQ	1963 年	880 社（スタンダード 826 ＋グロース 48 ＋プロ 6）
東証マザーズ	1999 年 11 月	192 社
大証ヘラクレス	2000 年　6 月	－
名証セントレックス	1999 年 10 月	14 社
札証アンビシャス	2000 年　4 月	5 社
福証 Q ボード	2000 年　5 月	7 社

注：上場企業数は、JASDAQ を除くと、2014 年 1 月現在。各所ＨＰによる。東証と大証の統合により、大証ヘラクレスと NEO は JASDAQ に 2010 年 12 月 12 日統合された。ヘラクレスの上場会社数は 2005 年 7 月に 122 社であった。

出所：各市場のホームページより作成。

た第二店頭株市場（特則銘柄市場）も、一九九六年一一月に第一号の公開（登録）が行われたが、その後店頭市場（一九六三年創設。日本証券業協会が管理）がＪＡＳＤＡＱに移行した。ほかに、一九九九年一一月には東京証券取引所でマザーズ（東証マザーズ）、二〇〇〇年六月には大阪証券取引所でヘラクレス（ナスダック・ジャパン）に整備され、新規企業の株式公開（ＩＰＯ）が容易になった。このほか、一九九九年一〇月に名古屋証券取引所にセントレックス、二〇〇〇年四月に札幌証券取引所にアンビシャス、二〇〇〇年五月に福岡証券取引所にＱボードが新興企業の上場を行う市場として誕生している。

　このようなエマージング市場の創設・育成のほか、銀行型システムである日本の金融システムでは金融仲介機関の役割も大きく、民間金融機関はローリスク・ローリターンの融資だけでは対応できないので、投資組合を作って投資も視野に入れつつ対応を行い、ベンチャー・キャピタル（ＶＣ。投資ファンド）を整備するほか、融資による支援も多く行われている。その先鞭をつけるため、政府系金融機関も一九九四年二月の総合経済対策で創設された中小企業金融公庫の「新事業育成貸付制度」をはじめとする各種の融資制度が出揃い、

図 6-2　中小機構のスキーム

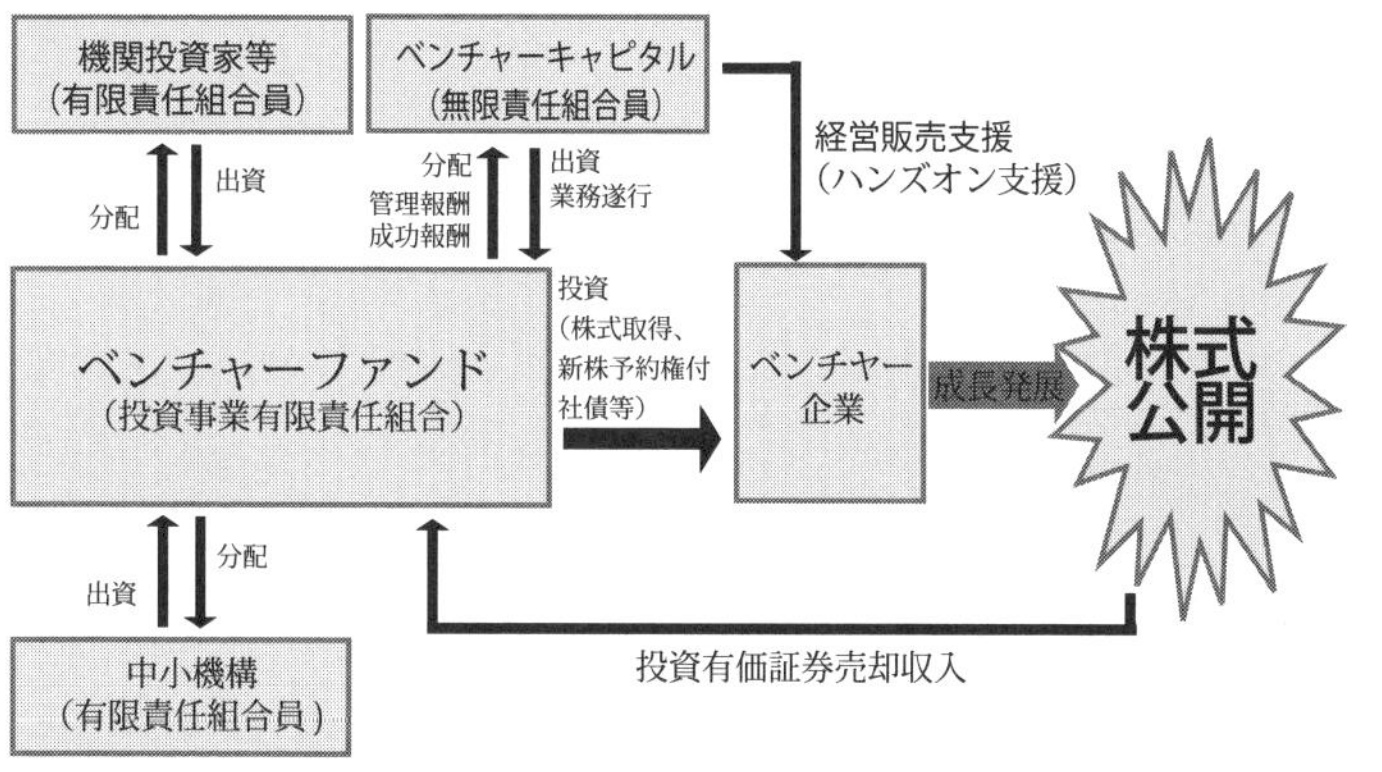

出所：中小機構資料より作成。

表 6-2　中小機構のベンチャー・ファンドの実績

年月	2004 年 3 月	2005 年 3 月	2010 年 3 月
投資規模（金額）	524 億円	791 億円	1,440 億円
組成ベンチャー・ファンド数	34	49	85
出資（投資先）企業数	630	970	2,105
IPO 企業数	26	41	98

出所：中小機構資料より作成。

通産省が主導した都道府県ごとのベンチャー財団もほとんどの都道府県で整備され、あわせてベンチャー企業と金融機関・投資家との出合い（マッチング）も「ベンチャー・プラザ」「中小企業総合展」として実施されてきた。中小企業基盤整備機構が出資するベンチャー・ファンドも、一九九九年以降約八五件のファンドを組成し、約一、五〇〇億円の投資規模と約二、五〇〇社への出資を行い、エクジットであるIPOには五〇社ほどが到達している。

いずれにしても、ベンチャー企業向け融資制度は整備が進み、政府金融機関だけではなく、公

図 6-3 日本のベンチャー・キャピタルの規模

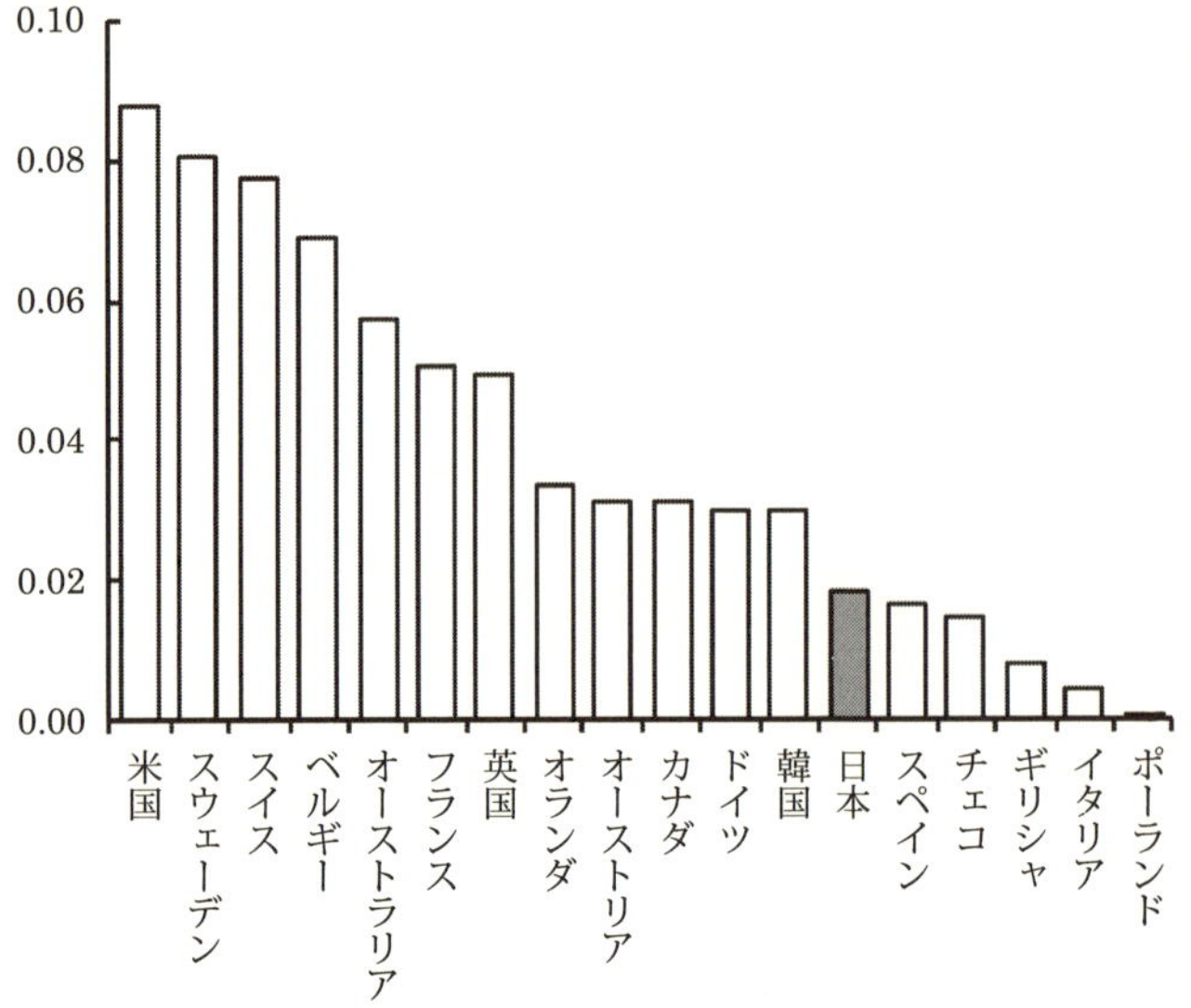

注：2009 年時点。集計対象は OECD 加盟国の GDP 上位国。
資料：OECD, “Entrepreneurship at a Glance 2010”. ベンチャーエンタープライズセンター「2010 年ベンチャービジネスの回顧と展望」、内閣府「国民経済計算」。

出所：日本銀行『金融システムレポート』2013 年 4 月号、20 頁より作成。

的機関の保証の仕組み、自治体の制度融資、民間金融機関の融資など金融機関経由の方式で主となっていることは、銀行型システムないし間接金融優位といわれる日本的システムのなかでのものであることは注目しておいてよい。前述のようにベンチャー・キャピタル、投資事業組合の設立、エマージング市場の設立などの状況をみると制度的にはほぼ整っているが、問題はこれらの制度がいかに機能するかという点だ。JASDAQの上場会社数が九四四社（二〇〇四年末）を除くと、東証マザーズの上場企業数は二〇〇五年七月に一三一社程度であり、他のエマージング市場の上場数も特段多いものではない（図6―3）。

このようにベンチャー企業にとってのボトルネックとまでいわれた資金面での困難は制度的にはほ

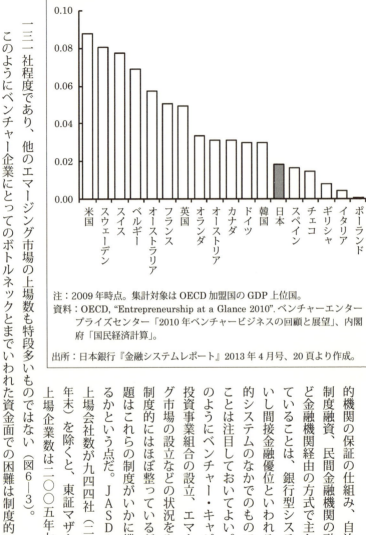

ぼ克服され、ベンチャー企業がその意欲とは裏腹に資金手当ができないという状況はほぼなくなっている。問題は、むしろいかに事業として軌道に乗せていくかという、経営の問題こそ重要となっている。

第2節　クラウドファンディング

(1)　クラウドファンディングとは

クラウドファンディングは、インターネットをプラットホームにして、不特定多数の投資家から株式への投資を募集することによる企業の資金調達の手法といえる。資金を必要とする個人・企業・団体等がインターネットのポータルサイト（ファンディング・ポータルという）を通じて、出資対象のプロジェクトや活動・事業の理念や目的、事業計画、目標金額、出資の見返り等を提示し、不特定多数の賛同者（crowd）からの出資あるいは寄付を募るという資金調達方法だ。

イノベーションのコンテクストでいえば、新規企業ないし成長企業と出資者をインターネット上でマッチングし、不特定多数の出資者から少額ずつの資金を集めるスキームと整理できる。資金の提供者と資金を必要とする個人・法人の間をマッチングする運営業者ファンディング・ポータルは、いわば投資・寄付の仲介を行うので、資金を必要とする個人・法人のプロジェクトの審査を、信用情報をはじめ、ソーシャル・ネットワーク・サービス（SNS）などのインターネット上のレピュテーションなども活用している。運営業者は、低コストでの資金調達手段を提供する場を提供する一方、集めた資金の多寡に応じて手数料を徴収して運営を行っている。

これまでも通常の金融手法では資金を調達できない場合、市民バンクやＮＰＯバンク、市民投資ファンドなどの工夫も行われてきたが、広く賛同者を募るという点では、インターネットには及ばなかった。資金を集める側が自らのプロジェクトの内容をきめ細かく発信し、かつそれに託す想い・こだわり等を動画などの映像を通じて提示可能になったこと、新たなマーケティングの手段にもなるというのが重要な要素だ。資金を提供する側も、そのプロジェクトに対する想いに共感し、早い段階から夢に対して直接に参加するというイノベーティブな意識を喚起されるので、単に寄付というものに留まらず、金銭的なリターンがなくとも投資・出資に賛同するというスキームが成り立っている。

とくに、シーズ段階では、アイデアに留まっているもの、プロトタイプしかない段階の製品をインターネットで提示することで、完成品はなくとも、生産者・供給者の想いを伝えることができ、その想いに対して資金を提供する賛同者を募ることが可能になる。すなわち、図6―1の「死の谷」を越えることが可能になる。従来、困難だったシーズ段階であっても、資金を調達ないし獲得することが可能になる。クラウドファンディングの最大の意義は、このシーズ段階、そしてスタートアップ段階の企業に資金調達を可能にすることだ。エンジェル投資家依存の状況を打破することが可能になる。実際にクラウドファンディングで資金調達した事例をみると、金融機関の審査には馴染まないないし理解を得られないとの判断から、ファンディングポータルにもち込んだとの状況がある。獲得した資金の二〇％をファンディングポータルに手数料として支払うという制約があるにしてもだ（『週刊金融財政事情』二〇一三年七月一五日号、一四頁）。

金融的には、株式法人ならば、未公開株式に対する投資・出資を求めるので、従来の法制等では認められなかった要素も多い。この手法は、アメリカで発展し、近年ＪＯＢＳ Ａｃｔの中で規定され、法制的にも整備されつつある。ＪＯＢＳ Ａｃｔは、新興企業の資金調達を拡大することを目的とし、より少ない制限のもと小規模な投資家から広く出資を募ることを可能にする法案といわれ、二〇一二年四月に成立した。施行は遅れていたが、二〇一三年一〇月に同法を施行するための細則を定める規則案がＳＥＣにより公表された。

金融理論的には、情報の非対称性問題を解決する手段としてのマイクロ・ファイナンスとの関連も重要かもしれない。情報の非対称性の下では、モラル・ハザードや逆選択により、金融仲介機関が融資不可能な層が存在するが、マイクロ・ファイナンスは、共同体的な信頼関係ないし社会的結合関係を活用して、相互保証などにより、融資を可能にするスキームだ。クラウドファンディングでは、このような側面は希薄な場合もある。例えば、ソーシャル・レンディングを標榜する日本の運営会社であるマネオでは、貸し手と借り手は、相互にＩＤにより、匿名化されていることや、貸し手による借り手への接触禁止などがあり、貸し手が入手できる情報はマネオが提供する借り手の属性情報とオークションの過程で貸し手が借り手に対して行う質問しかなく、マイクロ・ファイナンスのような共同体的な結合関係のようなつながりは希薄なので、相互扶助的な側面がないことを強調する論もある（森田〔二〇一三〕五五～五六頁）。

(2)　クラウドファンディングの類型

クラウドファンディングについて、定まった類型化が行われているわけではないが、アメリカの調査会社 Massolution が整理したものが定着しつつある。それによると、クラウドファンディングのプラットフォームは四つに類型化される。

①投資型、株式投資型――事業の収益を金銭で配当する。
②貸付型――金利支払を伴なう。
③報酬型――金銭以外の商品・サービスでのリターン。
④寄付型――リターンを伴なわない。

寄付型というのは、NPOの資金調達で一般的なものであり、寄付のインターネット版だ。日本では、東日本大震災（二〇一一年）以降、復興に関わって活用され、ジャストギビングなどがある。報酬型は、金銭以外の財物（商品・サービス）で、何らかのリターンを提供するもので、創業企業や新事業に進出する場合に活用されており、日本では、レディーフォー、キャンプファイヤーなどがある。貸付型はインターネット版ノンバンクで、リターンは金利であり、通常の金融に近いもので、日本ではアクシュ、マネオなどがある。

投資型は事業収益の配当を前提として事業へ出資する形態で、インターネットをプラットホームとするファンドの仕組みであり、日本ではこの分野のフロントランナーであるミュジックセキュリティーズなどがある。

日本の法制では、投資型のクラウドファンディングは、商法上の匿名組合契約を用いた出資形態が

表 6-3　クラウドファンディングの類型

	寄付型	報酬型	貸付型	投資型
概要	Website で寄付を募り、寄付者向けにニュースレータを送付	購入者から前払いで集めた資金を手元に製品開発。購入者に完成した製品等を提供	運営業者が投資家から出資を募り、匿名組合契約に基づき、集めた資金を個人や法人に貸し付ける	運営業者を介して、投資家と事業者との間で匿名組合契約を結び、出資を行う
リターン	なし	商品・サービス	金利	事業の収益
規制	−	−	賃金業法、第二種金融取引業	第二種金融商品取引業
主な資金提供先	被災地・途上国の個人・小規模業者	被災地支援事業・障碍者支援事業、音楽・ゲーム制作事業等を行う事業者・個人等	個人、不動産の取得資金、飲食店フランチャイズの開業資金、治療院	音楽事業、被災地支援事業、食品、酒造、衣料品等
資金調達規模	数万円程度	数万円～数百万円程度	数十万円～数百万円	数百万円～数千万円
一人当り投資額	1口1円	1口1,000円程度	一口1万円程度	一口1万円～
事例	JustGiving Japan	GAMPFIRE READYFOR？	AQUSH MANEO	ミュージックセキュリティーズ

出所：『週刊　金融財政事情』2013年7月15日号より作成。

採られており、株式形態での資本調達は行われていない。匿名組合というのは、当事者の一方（匿名組合員）が相手方（営業者）の営業のために出資を行い、その営業から生ずる利益の分配を受けることを約束する契約形態のことだ。組合というが、団体を意味するわけでもなく、組織体でもなく、契約の一形態である点に注意を要する。営業者が匿名組合員から集めた財産を運用して利益をあげ、これを分配するのが匿名組合契約であり、日本においては商法第五三五条に規定されている。匿名組合は、法的には営業者と匿名組合員の間における双務契約のことであり、組合といっても団体でもなく、法人格も有しない。匿名組合契約というのが本質だ。匿名組合員の出資は営業者の財産になり（商法五三六条一項）、匿名組合員は営業者の行為について第三者に対して権利義務を有しない（同条二項）。匿名組合員がその氏もしくは氏名を営業者の商号中に用い、またはその商号を営業者の商号として用いることを許諾したときは、その使用以後に生じた債務について、営業者と連帯して履行する責任を負う（五三七条）。匿名組合契約に基づく損益は、匿名組合員に全て分配することができる（ただし、損失分配時は、税務上、出資額を限度とする）。

この匿名組合（契約）により、市民出資ファンドなどが組成され、ＮＰＯ法人「北海道グリーンファンド」（市民風〔車浜風邪ちゃん〕）などの事例がある。現行の制度の下で、「株式形態」のクラウドファンディングの取扱い事例はない。運営業者の行為は、有価証券の募集・私募の取扱いとなり、金融商品取引法の第一種金商業登録が必要になる（金商法第二条第八項、九項、第二八条第一項）。また非上場株式については、グリーンシート銘柄を除き、一般投資家に対する投資勧誘は禁止されている（日本証券業協会の店舗有価証券に関する規則第三条）。

日本の法制では、投資型クラウドファンディングに関して、金融商品取引法の改正（適格機関投資家等特例業務の緩和など）、参入事業者の審査要件の設定、株式市場への上場基準の緩和といったことが課題だった。二〇一四年五月に金商法の一部改正が行われ、投資型クラウドファンディングが容易になった。発行総額一億円未満で、一人当り投資額五〇万円以下の少額のファンドのみを扱う業者について、兼業規制等を課さないことと、登録に必要な最低資本金基準を引き下げる（第一種金融商品取引業者は五、〇〇〇万円から一、〇〇〇万円に、第二種金融商品取引業者は一、〇〇〇万円から五〇〇万円に）。また、非上場株式の勧誘を、先の少額のクラウドファンディングに限って解禁し、詐欺的な行為に悪用されることがないよう、クラウドファンディング業者に対して、「ネットを通じた適切な情報提供」や「ベンチャー企業の事業内容のチェック」を義務づけることとなった。

第3節　中小企業会計・会計参与

(1) 中小企業会計

非上場企業である多くの中小企業にとって、上場企業向け会計ルール（企業会計基準）は必要ないものの、中小企業でも簡単に利用できる会計ルールはなかった。会計はもっぱら税務用で、税金対策になっていた。そこで、二〇〇五年八月に日本公認会計士協会、日本税理士会連合会、日本商工会議所及び企業会計基準委員会の四団体が「中小企業の会計に関する指針（中小指針）」を策定し、中小企業の会計処理等に関する整備を行った。とくに会計専門家が役員に入っている会計参与設置会社が拠ることが適当とされているように、一定の水準を保った会計処理が示され、「税効果会計」や「組織再編の会計」等も示された。

さらに、二〇一二年四月に「中小企業の会計に関する基本要領（中小会計要領）」が整備された。これは、中小企業の実態を考えてつくられた新しい会計ルールだ。すなわち、中小企業では、①経理人員が少なく、高度な会計処理に対応できる十分な能力や経理体制をもっていない、②所有と経営が一致しており、通常は株式の譲渡制限が付されており株式が第三者に自由に流通することは想定されておらず、利害関係者は限られており、計算書類等の開示先は、会計情報の開示を求められる範囲が、

表 6-4　各種会計基準の比較

	中小会計要領	中小指針	企業会計基準
想定対象	中小指針と同じ（中小企業） 中小指針と比べて簡便な会計処理をすることが適当と考えられる中小企業	右記以外（中小企業） とりわけ会計参与設置会社	金商法の適用対象会社 会社法上の大会社
国際会計基準との関係	安定的な継続利用を目指し，国際会計基準の影響を受けないものとしている	これまで国際会計基準とのンバージェンス等による企業会計基準の改訂を勘案している これまで国際会計基準とのコンバージェンスを実施している	これまで国際会計基準とのコンバージェンスを実施している
各論の項目数等	項目数：基本的な 14 項目（税効果会計，組織再編の会計等は盛り込んでいない） 内容：本要領の利用を想定する中小企業に必要な事項を簡潔かつ可能な限り平易に記載	項目数：18 項目（税効果会計、組織再編の会計等も規定） 内容：中小会計要領よりも詳細に記載　企業取引の会計処理全般を網羅的に規定	企業取引の会計処理全般を網羅的に規定
税務上の処理の取扱い	実務における会計慣行を踏まえて規定	以下の場合に適用できる ・会計基準がなく税務上の処理が実態を適正に表している場合 ・あるべき会計処理と重要な差異がない場合	副次的に考慮するものとされている
＜例 1 ＞ 有価証券の期末評価	原則として，取得原価	条件付きで取得原価を容認 （市場価格のある株式を保有していても多額でない場合）	市場価格のある株式は時価評価
＜例 2 ＞ 棚卸資産の評価方法	最終仕入原価法を容認	条件付きで最終仕入原価法を容認（期間損益の計算上著しい弊害がない場合）	重要性のないものを除き，最終仕入原価法は不可

出所：http://www.chusho.meti.go.jp/zaimu/youryou/about/download/0528Kaikei Youryou-2.pdf より作成。

取引先、金融機関、同族株主、税務当局等に限定されている、③主に法人税法で定める処理を意識した会計処理が行われている場合が多い（税務申告対策としての会計処理）、④資金調達の方法としては、新株発行や起債といった資本市場で資金調達を行うことはほとんどなく、地域金融機関やメガバンクなどの金融機関からの借入れが中心で、計算書類等の開示先は限定的、という特色があるので、会計ルールも上場企業とは異なってよいと考えられる。

中小企業会計要領は、中小企業の経営者が活用しようと思えるよう、理解しやすく、自社の経営状況の把握に役立つ会計、中小企業の利害関係者（金融機関、取引先、株主等）への情報提供に資する会計、中小企業の実務における会計慣行を十分考慮し、会計と税制の調和を図ったうえで、会社計算規則に準拠した会計、計算書類等の作成負担は最小限に留め、中小企業に過重な負担を課さない会計、を意図したもので、基本は取得原価主義だ。貸倒引当金について、法人税法上の認められる法定繰入率算定方法の例示、有価証券の評価を売買目的有価証券以外は取得原価での計上とする、棚卸資産は最終仕入原価法も利用可能とする、退職給付引当金は自己都合要支給額を基に計上する、などを基本的な一四項目について基準を示している。

⑵　会計参与

会社法を制定するに当り、中小企業の計算書類の適正を担保する制度の整備も課題とされ、先のような指針・要領が整備されたが、この要請に応えるため、法制審議会が取りまとめた「会社法制の現代語化に関する要綱試案」では、大会社にのみ強制されていた会計監査人による監査の制度を中小企業にも任意的に認めることとした。しかし、中小企業が会計監査人を設置することは、費用面からみて現実的ではなく、中小企業の実態を無視しているとの批判があり、反対意見や日本税理士会連合会の提言等に基づき、会計専門家（公認会計士や税理士）を計算書類の作成に関与させる会計参与の制度が会社法に規定された。

特例有限会社を除く全ての株式会社で任意的に設置が認められるが、唯一の例外として、取締役会を設置しながら監査役を設置しない株式会社（委員会設置会社以外の非公開中小会社）については、会計参与の設置が義務づけられている。

第4節　中小企業の再生

(1)　中小企業の再生

中小企業支援の諸施策は、創業と成長支援にその力点が置かれてきた。しかし、経済構造の変化やグローバル化の進展で、中小企業にもその本来の業務が陳腐化したり、競争力が減退した分野が多くなってきた。中小企業の数が一貫して減少していることはその現れだ。そこで、中小企業の再生が課題となり、その支援も重要な政策テーマになってきた。併せて、中小企業の事業承継も重要な課題となってきた。とくに、一九九〇年代の不良債権問題に対処するため、二〇〇三年二月に中小企業再生支援協議会が各都道府県に設置された。

中小企業再生支援協議会とは、商工会議所、商工会連合会、政府系金融機関、地域の金融機関、中小企業支援センター及び自治体等から構成され、関係者間の日常的な連携を図ることで、地域の実情に応じたきめ細かな中小企業の再生への取り組みを支援するため、経済産業大臣の認定により設置された。具体的には、事業再生の意欲がある中小企業者に対して中小企業再生支援協議会に常駐する支援業務責任者及び窓口専門家が中小企業の再生に関する相談を受け、助言を行う。相談においては、企業再建型の再生に限定することなく、基本的な対応の方向性について適切な判断を行い、対応策を提示する。また、相談のうち、事業再生は可能だが、抜本的な財務体質や経営改善が必要な企業について、支援業務責任者自らが個別企業の取り組みを支援し、必要に応じて中小企業診断士、弁護士等の専門家に依頼して、共同で再生計画の作成支援等を実施するスキームだ。

この中小企業の再生は、金融審議会リレーションシップ・バンキング報告（二〇〇三年三年）でも強く認識され、金融行政の重要な課題となっている。同報告を受けた「リレーションシップバンキングの機能強化に関連するアクションプログラム」では「三、早期事業再生に向けた積極的取組み」を掲げて、①事業再生（適切な再建計画を前提とし、プリパッケージ型事業再生（民事再生法等の活用））、私的整理ガイドラインを積極的活用等、中小企業の過剰債務構造の解消と迅速な再生を図るための取り組み、企業再生ファンドの組成についての検討、②企業再生に当り、デット・エクイティ・スワップ（DES）、DIPファイナンス等の手法の積極的な活用、③再生支援ための「中小企業再生型信託スキーム」等RCCの信託機能の積極的活用、④中小企業の再生計画の内容が合理的で、関係者の合意が得られるものについての関係者の再生支援に向けての積極的な取り組みと、そこでは、中小企

表 6-5 続き

事業の持続可能性等の類型	金融機関が提案するソリューション	外部専門家・外部機関等との連携
事業の持続可能性が見込まれない債務者 （事業の存続がいたずらに長引くことで、却って、経営者の生活再建や当該債務者の取引先の事業等に悪影響が見込まれる先など）	・貸付の条件の変更等の申込みに対しては、機械的にこれに応ずるのではなく、事業継続に向けた経営者の意欲、経営者の生活再建、当該顧客企業の取引先等への影響、金融機関の取引地位や取引状況、財務の健全性確保の観点等を総合的に勘案し、慎重かつ十分な検討を行う ・そのうえで、債務整理等を前提とした顧客企業の再起に向けた適切な助言や顧客企業が自主廃業を選択する場合の取引先対応等を含めた円滑な処理等への協力を含め、顧客企業や関係者にとって真に望ましいソリューションを適切に実施 ・その際、顧客企業の納得性を高めるために十分な説明に努める	・慎重かつ十分な検討と債務者の納得性を高めるための十分な説明を行ったうえで、税理士、弁護士、サービサー等との連携により債務者の債務整理を前提とした再起に向けた方策を検討

出所：『中小・地域金融機関向けの総合的監督指針』より作成。

表 6-5　事業の持続可能性等に応じて提案するソリューション（例）

事業の持続可能性等の類型	金融機関が提案するソリューション	外部専門家・外部機関等との連携
経営改善が必要な債務者（自助努力により経営改善が見込まれる顧客企業など）	・ビジネスマッチングや技術開発支援により新たな販路の獲得等を支援 ・貸付の条件の変更等 ・新規の信用供与により新たな収益機会の獲得や中長期的な経費削減等が見込まれ、それが債務者の業況や財務等の改善につながることで債務償還能力の向上に資すると判断される場合には、新規の信用を供与。その際、事業価値を見極める融資手法（不動産担保や個人保証に過度に依存しない融資）も活用 ・上記の方策を含む経営再建計画の策定を支援（顧客企業の理解を得つつ、顧客企業の実態を踏まえて経営再建計画を策定するために必要な資料を金融機関が作成することを含む）。定量的な経営再建計画の策定が困難な場合には、簡素・定性的であっても実効性のある課題解決の方向性を提案	・中小企業診断士、税理士、経営相談員等からの助言・提案の活用（第三者の知見の活用） ・他の金融機関、信用保証協会等と連携した返済計画の見直し ・地方公共団体、商工会議所、他の金融機関等との連携によるビジネスマッチング ・産学官連携による技術開発支援
事業再生や業種転換が必要な顧客企業（抜本的な事業再生や業種転換により経営の改善が見込まれる顧客企業など）	・貸付の条件の変更等を行うほか、金融機関の取引地位や取引状況等に応じ、DES・DDS や DIP ファイナンスの活用、債権放棄も検討 ・上記の方策を含む経営再建計画の策定を支援	・地域経済活性化支援機構、東日本大震災事業者再生支援機構、中小企業再生支援協議会等との連携による事業再生方策の策定 ・企業再生ファンドの組成・活用

業再生支援協議会に、中小企業専門家の協力、政府系金融機関と民間金融機関の効果的な連携、再生計画作成のための支援人材確保と、各金融機関に対するこうした取り組みへの協力とその機能の積極的な活用、などといったメニューが示された。

(2) 金融円滑化法との関連

二〇一二年三月三〇日、中小企業金融円滑化法を一年延長するための改正法案と企業再生支援機構法の支援決定期限を一年延長するための改正法案が成立した。これを受けて、四月二〇日に「中小企業金融円滑化法の最終延長を踏まえた中小企業の経営支援のための政策パッケージ」が、内閣府・金融庁・中小企業庁によって公表された。この政策パッケージは中小企業の経営改善・事業再生の促進等を図るために取り組むべき施策の枠組みを提示している。その三つの柱は、

①金融機関によるコンサルティング機能の一層の発揮
②企業再生支援機構及び中小企業再生支援協議会の機能及び連携の強化
③その他経営改善・事業再生支援の環境整備

とされる。

このうち、コンサルティング機能の一層の発揮というのは、金融機関が自助努力による経営改善や抜本的な事業再生・業種転換・事業承継による経営改善が見込まれる中小企業に対して、必要に応じ、外部専門家や外部機関、中小企業関係団体、他の金融機関、信用保証協会等と連携を図りながらコンサルティング機能を発揮することにより、最大限支援していくことが求められる、ということだ。こ

のため、金融庁は、

・各金融機関に対し、中小企業に対する具体的な支援の方針や取り組み状況等について集中的なヒアリング（「出口戦略ヒアリング」）を実施する

・抜本的な事業再生、業種転換、事業承継等の支援が必要な場合には、判断を先送りせず外部機関等の第三者的な視点や専門的な知見を積極的に活用する旨を監督指針に明記する

という取り組みを行うことにより、金融機関によるコンサルティング機能の一層の発揮を促すとされた。このコンサルティング機能は、債務者の経営課題を把握・分析したうえで、適切な助言などにより債務者自身の課題認識を深めつつ主体的な取り組みを促し、同時に、最適なソリューション（経営課題を解決するための方策）を提案・実行する。金融機関のコンサルティング機能については、リレーションシップ・バンキングの遂行の中ですでに強調されてきた。

コンサルティング機能の一層の機能発揮というのは、

・金融機関が日常的・継続的な関係強化、貸付条件の変更等の相談や申込みへの真摯な対応等を通じて把握した債務者の財務情報や各種の定性情報を蓄積していること

・債務者の経営課題を適切に把握・分析することに優位性があること

・自らのそうした立場や期待されている機能を十分に認識して、債務者の経営資源、経営改善・事業再生等に向けた意欲、経営課題を克服する能力、外部環境の見通し、債務者の関係者（取引先、他の金融機関、外部専門家、外部機関等）の協力姿勢、金融機関の取引地位（総借入残高に占める自らのシェア）や取引状況（設備資金・運転資金の別、取引期間の長短等）、金融機関の財務の健全性

図 6-4 旧企業再生支援機構のスキーム

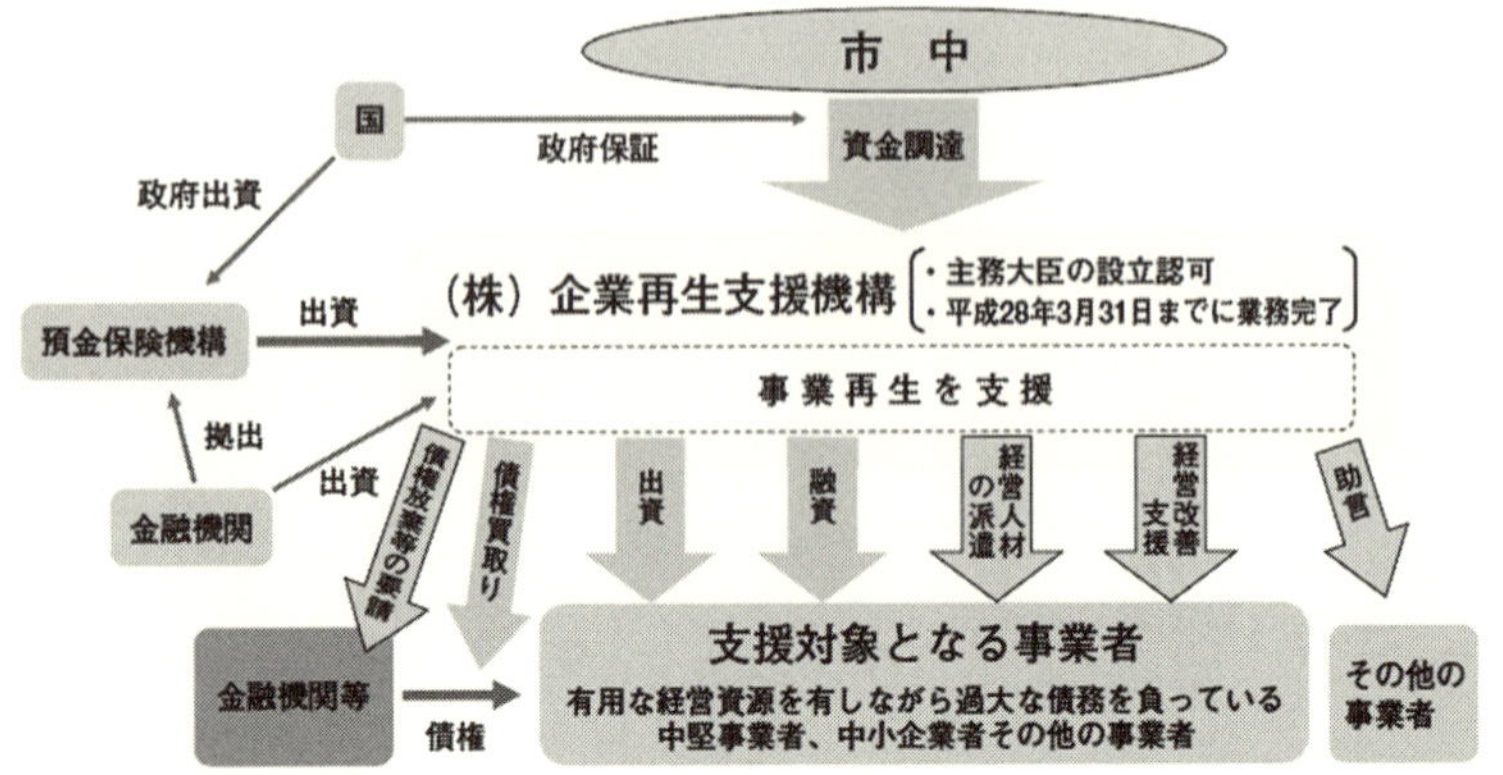

出所：旧企業再生支援機構ホームページより。

確保の観点を総合的に勘案して顧客企業のライフステージ・事業可能性の程度を見極めることができる点に集約される。

そこで、債務者の本質的な経営課題を、債務者自身が正確かつ十分に認識できるよう適切に助言し、債務者がその解決に向けて主体的に取り組んでいくよう促すことが第一になる。また、経営課題についての債務者の認識が不十分な場合は、必要に応じて、他の金融機関、外部専門家、外部機関等と連携し、債務者に対し認識を深めるよう働きかけるとともに主体的な取り組みを促す。こうして、顧客企業のライフステージ等を適切かつ慎重に見極めたうえで、当該ライフステージ等に応じて適時に最適なソリューションを提案することになる。

とくに、顧客企業が事業再生、業種転換、事業承継、廃業等の支援を必要とする状況にある場合や、支援に当り債権者間の調整を必要とする場合には、当該支援の実効性を高める観点から、外部機関等の第三者的な視点や専門的な知見・機能を積極的に活用するとされている。外部機関等には中小企業再生支援協議会・地域経済活性化支援（旧企業再生支援機構）・事業再生ファンド・東日本大震災事業者再生支援機構・産業復興機構が事業再生支援に有効とされているほか、信用保証協会・地方公共団体・商工会議所・商工会等も該当する。この点に関連し、監督指針には、具体的なソリューションの例がある。

(3) 地域経済活性化機構（旧企業再生支援機構）

産業の再生と信用秩序の維持を図るため、有用な経営資源を有しながら過大な債務を負っている事業者に対し、事業の再生を支援することを目的として、二〇〇三年四月〜〇七年六月に活動したのが産業再生機構だ。債権買取り・資金の貸付・債務保証・出資・債務の一部免除・デット・エクイティ・スワップ（債務の株式化）などの業務を行い、カネボウ、ダイエー等四一社の再建を実施した。これに対して、二〇〇九年一〇月設立の企業再生支援機構は、主として「地域経済の再建」とこれによる「地域の信用秩序の基盤強化」を目的としている。産業再生機構が「産業の再生」・「不良債権の処理の促進による信用秩序の維持」を目的としたのとは異なっていたが、事業再生支援という目的は共通している。

グローバル経済化に伴う競争激化や少子高齢化、国と地方の財政状況の悪化に加え、二〇〇八年秋以降の金融経済情勢の急速かつ大幅な悪化等、多くの地域が各個の尽力にもかかわらず引き続き低迷を余儀なくされているという厳しい地域経済の現状打開を目指して、地域経済を支える様々な企業の事業再生・活性化のための支援組織（官民ファンド）として、企業再生支援機構（国の認可法人）が設立された。

当初、地域の有用な経営資源を有しながら過大な債務を負っている中堅事業者、中小企業者その他の事業者の事業再生を支援し、二〇一五年三月三一日までに業務完了に努める時限的な組織だ。支援決定は二〇一三年三月三一日までに行って、支援決定から三年以内の支援完了を目指している。機構の資本金は、政府と金融機関が預金保険機構経由等でそれぞれ出資している（政府一〇〇億円、金融機関一〇〇億円で計約二〇一億円）。また、機構の事業資金は市中から政府保証付きで借入れにより調達している（二〇一二年度予算で保証上限は一・六九九兆円になった）。

同機構の最初の案件が二〇一〇年一月の日本航空（ＪＡＬ）、同年三月のウィルコムだったため、当初大企業中心の再生支援だったが、その後は中小企業・医療法人・学校法人など二〇一二年四月までに二八件の支援を行ってきた。医療法人等病院が九件で三分の一ほどあるのが特色だ。ただし、機構には全国をカバーする支店網はなく（本店のみ）、金融機関等との連携が前提とされるスキームだ。

企業再生支援機構は、二〇一三年三月一八日に地域経済活性化支援機構（レビック）に改組された。資本金は二三一億円で、二〇一三年度予算で政府保証枠一兆円を措置され、支援期間も「三年以内」から「五年以内」に延長された。さらに、支援対象者への出資・融資・債権買取・専門家派遣等の業務に加え、新たに事業再生ファンド・地域活性化ファンドに対する無限責任組合員出資（ゼネラルパートナーとしてファンドの業務執行を行う）、有限責任組合員出資（ＬＰ）等の業務が追加された。同様な機能は、二〇一二年二月設立の東日本大震災事業者再生支援機構にもある。

(4) 中小企業再支援協議会

再生支援協議会のスキーム

中小企業再生支援協議会は、産業活力再生特別措置法四一条に基づく中小企業再生支援業務を行う機関で、二〇〇三年二月から全国に順次設置され、現在は四七の都道府県に一ヶ所ずつ設置されている。商工会議所等の中小企業再生支援業務を行う認定支援機関が受託して、その機関の下に設置されている。商工会議所、商工会連合会、政府系金融機関、地域の金融機関、中小企業支援センター及び自治体等から構成され、関係者間の日常的な連携を図ることで、多様性・地域性といった中小企業の特性を踏まえた地域の実情に応じたきめ細かな中小企業の再生への取り組みを支援する。

協議会では、事業再生に関する知識と経験とを有する専門家（金融機関出身者、公認会計士、税理士、弁護士、中小企業診断士等）が統括責任者（プロジェクトマネージャー）・統括責任者補佐（サブマネージャー）として常駐している。窮境にある中小企業者からの相談を受けつけ、解決に向けた助言、支援施策・支援機関の紹介や、場合によっては弁護士の紹介などを行い（第一次対応）、事業性など一定の要件を満たす場合には再生計画の策定支援（第二次対応）を実施している。地域の総力の結集による再生がコンセプトだ。

協議会は、公正中立な第三者機関で、中小企業者（債務者）の代理人でも金融機関（債権者）の代理人でもなく、ファンドやスポンサーの代理人でもない。したがって、協議会では、公正中立な第三者としての立場から、事業再生の意欲がある中小企業者に事業再生に関する相談を受け、助言を行う。相談においては、企業再建型の再生に限定することなく、基本的な対応の方向性について適切な判断を行い、企業の事業面、財務面の詳細な調査分析（デューデリジェンス）を実施し、かつ当該企業が窮境に至った原因の分析等を実施したうえで、債務者による再生計画案の策定を支援する。また、相談のうち、事業再生可能案件のうち、抜本的な財務体質や経営改善が必要な企業について、支援業務責任者自らが個別企業の取り組みを支援し、必要に応じて中小企業診断士、弁護士等の専門家に依頼して、共同で再生計画の作成支援等を実施するとともに、金融機関に再生計画案を提示し、金融機関調整を実施している。政府系金融機関や信用保証協会のほか、商工会議所、中小企業支援センター等の他機関とも連携し、公正中立な立場で、複数の金融機関をはじめとする関係者間の調整等を行う点に特色がある。

具体的には、

図 6-5　中小企業再生支援協議会の支援スキーム

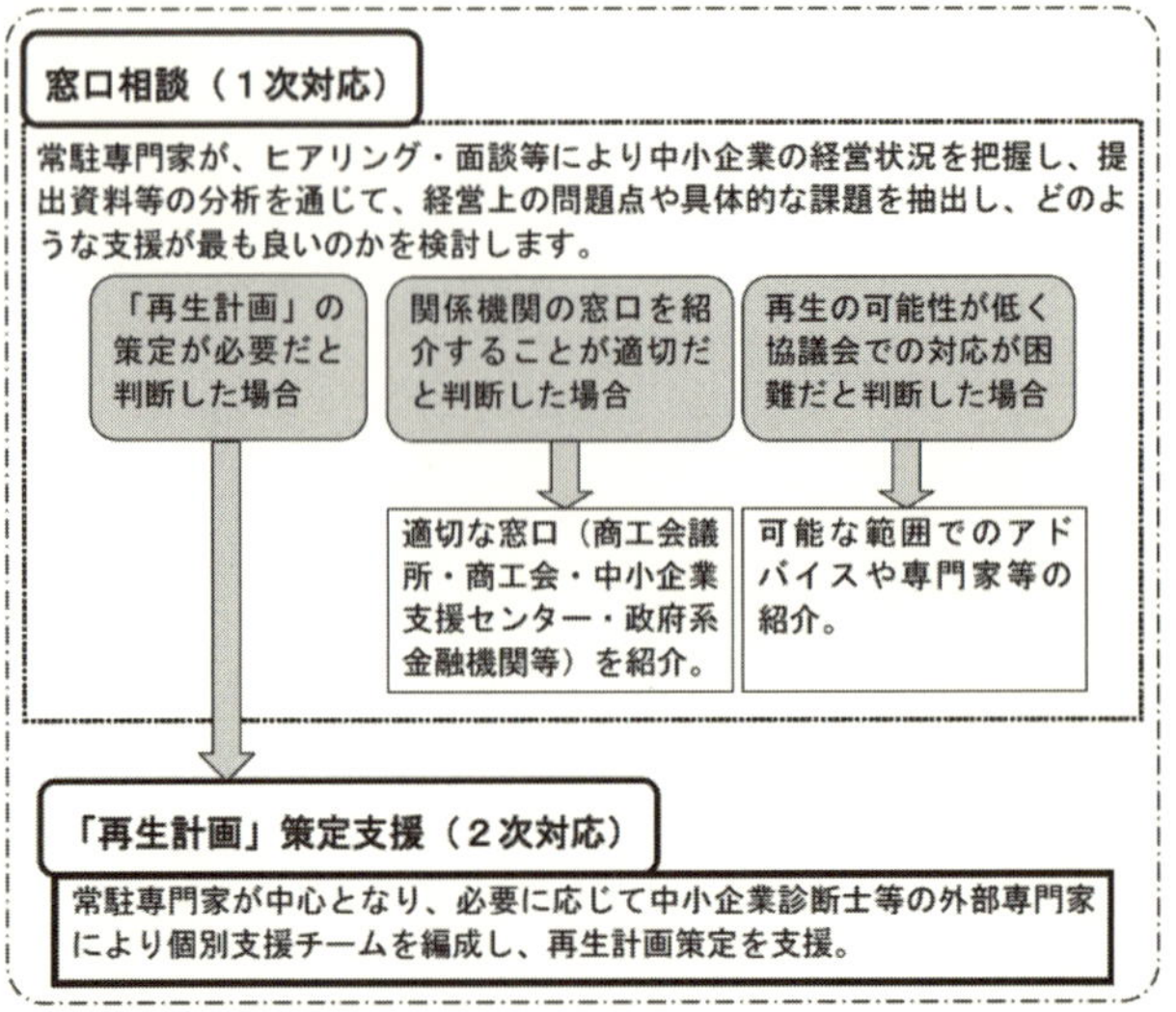

出所：中小企業庁ホームページ。http://www.chusho.meti.go.jp/keiei/saisei/kyougikai/26062601.pdf より。

・管理会計の手法導入による事業の選択と集中
・収益管理体制の確立やコスト削減策の提示等の事業面での見直しに向けた必要なアドバイスの実施
・資産売却による債務圧縮、既存借入金の返済計画や売掛金回収期間の条件改善、長期資金の確保等、政策支援措置も活用しつつ、資金繰り改善のため複数金融機関との調整や財務面での見直しに向けた必要なアドバイス

を行っている。

二〇〇七年六月二八日に、中小企業再生支援協議会の活動を支援する機関として中小企業再生支援全国本部が、中小企業基盤整備機構に設置された。中小企業再生支援全国本部では、①各地の中小企業再生支援協議会の能力向上に対するサポート、②外部専門家の派遣、③中小企業再生支援協議会の手続きマニュアルの作成等を主な業務としており、これにより各地の中小企業再生支援協議会の機能強化と均一的能力向上に取り組んでいる。

中小企業再生支援協議会の実績

中小企業再生支援協議会は、二〇〇三年二月の発足以来、二〇一三年度末までに三万一、七二一社からの相談に応じ、七、二四八社の再生計画の策定支援を完了している。発足時の二〇〇三年中(三～一二月)には二、五〇六件の相談件数で、再生計画策定完了件数が四五件だったから、この一〇年間の累計で相談件数は約一三倍、策定完了件数で約一六一倍になった(図6—6)。

図 6-6　相談企業数と計画策定完了件数

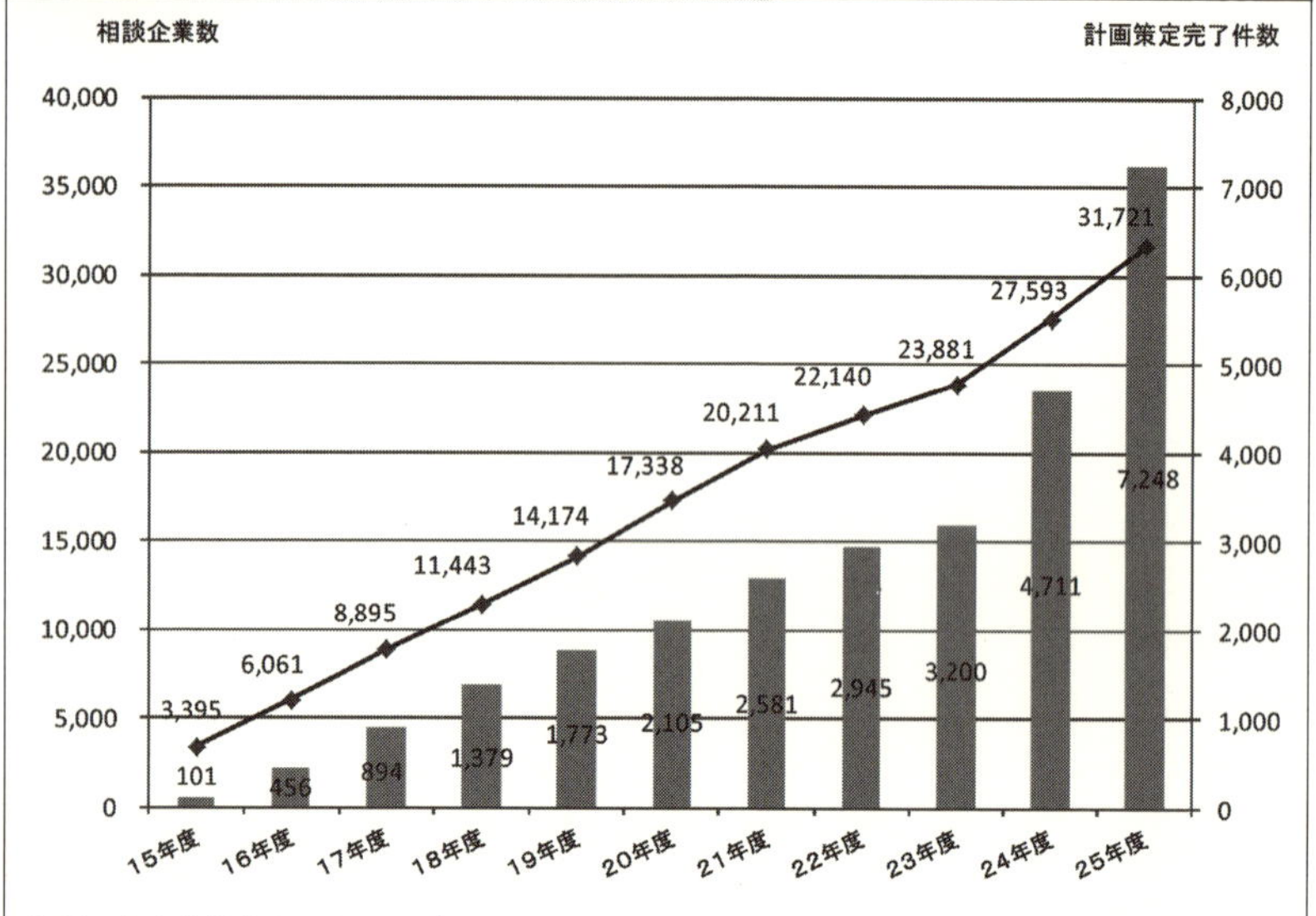

出所：中小企業庁ホームページより。

協議会利用の最初は窓口対応（一次対応）だが、相談のもち込みは企業自身のほか金融機関経由もあれば、商工会議所、商工会、都道府県中小企業支援センターなど様々だ。累計でみると企業自身が四五・九％、金融機関経由が四五・九％、その他が一〇・三％だ。一〇年間の時系列では企業自身のもち込み件数が低下し、金融機関経由・その他が増加している。二〇一三年度ではそれぞれ一七・三％、七八・九％、三・八％だ。金融機関経由が大きくなっていることはコンサルティング機能の発揮が進んでいることを示している。

一〇年間の累計相談企業数に対して、再生計画策定支援完了の件数割合は二二・八％、相談段階（二次対応）での企業の課題解決の提示が約五割、協議会での二次対応は約二割だ。一次対応という協議会の相談で対応が済むというのは、経営上の課題が比較的軽微なケースともいえるが、入り口段階での解決策の有効性は高い。

表 6-6　金融支援の手法（2014 年 1 〜 3 月期）

金融支援	累積		今回公表分	
	企業数	割合	企業数	割合
債務免除の実施	725	10.0%	19	1.4%
・直接放棄	294	4.1%	2	0.2%
・譲渡・分割による第二会社方式	431	5.9%	17	1.3%
金融機関、取引先からの借入金の株式化（DES）	64	0.9%	2	0.2%
金融機関による借入金の資本的劣後ローン（DDS）	303	4.2%	24	1.8%
協議会版資本的借入金	153	2.1%	26	2.0%
金融機関による条件変更（リスケジュール）	6,130	84.6%	1,278	96.2%
平成 17 年税制改正適用	33	0.5%	0	0.0%
RCC や債権管理会社からの卒業	173	2.4%	0	0.0%
ファンド活用	193	2.7%	7	0.5%
※完了案件総数	7,248		1,328	

注：上記手法を複数実施している案件がある。
出所：『中小企業再生支援協議会の活動状況』より作成。

再生計画策定支援完了案件は累計で七、〇〇〇件に及んでいるが、いかなるルートで協議会に来訪したかをみると、前述のように七割が金融機関経由だ。時系列では、企業自身の来訪は減少しており、その分金融機関経由の案件が増加しているが、これは、再生計画の策定に金融機関の協力が不可欠で、企業の種々の情報を保有し、課題解決にも知見を有していることの証左だ。すなわち、金融機関のコンサルティング機能の発揮が極めて重要だ。中でも地域銀行の割合が累計で四〇・六％と大きく、二〇一四年三月末でも四九・五％となっていて、地域経済の担い手としての役割の大きさを示している。信金・信組を加えると、八七・二％だ。

さらに、再生計画策定支援完了の手法（金融支援）を整理すると、「金融機関による条件変更（リスケジュール）」が累計九六・二％

で金融機関の対応が大きいことが分かる。時系列でもリスケの割合が高まっており、二〇一三年度末には累計で八四・六％になっている。次いで「債務免除」が一〇・〇％でそのうち「第二会社方式」が五・九％で、これも増加傾向だ。借入金の株式化（ＤＥＳ）が〇・九％、借入金の資本的劣後ローン（ＤＤＳ）転換が二・七％、協議会版資本的借入金活用二・一％で、時系列的にはＤＥＳと協議会版資本的借入金が増加傾向にある。ファンドの活用も累計で二・一％だが、一二度末には七・〇％とその活用が増加している（表6―6）。

これらを概括すると、相談にもち込む段階、再生計画の策定段階、再生計画完了の手法に占める金融機関のリスケジュール（債務返済条件などの変更）が相応であることなど、金融機関の機能発揮の重要性が高いことが分かる。計画完了の金融支援には、金融機関が関与するものも多くあり、資金供給以外のコンサルティング機能の発揮が重要なことと理解される。

(5)　これまでの事業再生の評価

円滑化法の出口戦略パッケージの根幹は、中小企業の経営改善・事業再生の促進で、とくに中小企業の事業再生・業種転換等の支援の実効性の向上にある。以上では現状の事業再生スキームを概観したが、数量ベースでみるとその効果は限定的だ。実績を直近のデータでみると、

・地域活性化支援機構の対象案件↓三四件（うち旧企業再生支援機構分二八件）
・中小企業再生支援協議会の相談件数・再生計画完了件数↓三万三、六一三件、八、〇六〇件

これに対して、貸出条件の変更等の状況は、二〇一三年三月末までで、

・申込み件数・金額↓四三六万九、九六二件、一一九万六、〇〇〇億円
・実行件数・金額↓四、〇七万五、〇六四件、一一二万三、四九〇億円

となっている。一方、金融機関の中小企業向け貸出残高は、二〇一三年一二月末で二二四・八兆円だ。したがって、貸出条件の変更額は、貸出残高の五〇・〇%になる。これまでの事業再生の実現状況をみると、地域活性化支援機構と中小企業再生支援協議会の対象件数が占める貸出条件変更に対する割合は、相談件数ベースで〇・七七%、再生計画策定完了件数ベースで〇・二%だ。極論すれば、事業再生の実績は、当面解決すべき貸出条件変更額に対して圧倒的に小さく、ネグリジブルともいえる。したがって、地域活性化支援機構と中小企業再生支援協議会の活動を格段に高めていくことが期待される。とはいえ、出口戦略の政策パッケージにある年間で三、〇〇〇件程度の相談件数では、四〇八万件の貸出債権変更件数の処理には一、三〇〇年超の期間を要することになるが、対象企業数では三〇万社程度とされるので、それでも処理には一〇〇年規模の期間になる。両機関の有機的連携だけでは不十分で、金融機関が自立的に処理することが求められている。これこそリレーションシップ・バンキングの徹底といえよう。

新しい金融モニタリング（二〇一三年九月六日）

金融庁は、二〇一三年九月六日発表の今年度の「金融モニタリング基本方針」において、現下の金融行政上の課題を踏まえ、検査局・監督局が協働し、金融機関、金融システムについてより深度ある実態把握を行うことを示した。従来の「検査基本方針」に替えて、両局が協働して行うオンサイト・

オフサイトのモニタリングについて、一体化するというものだ。これは一九九〇年代からの不良債権問題が一服し、金融システムが平時に戻ったとの認識から、赤字でも成長が期待できる企業にも融資が拡大できるよう、検査と監督を一体化して金融行政を行うというもので、金融処分庁から金融育成庁への転換だ。

これまでの金融検査は、個別の金融機関の定点的な実態把握が中心だったが、マクロ・プルーデンスに力点を置き、オフサイトのモニタリングや新たに試行的に導入する水平的レビューによる横断的な分析を組み合わせ、例えば、①金融機関が担保・保証に過度に依存し、適切なリスクを取った貸出ができていないのではないか、②海外業務展開を拡大したり、地域経済を活性化するうえで適切な経営・業務態勢を確立できているか、③今後の金利シナリオ(短・中・長期)を前提にどのようなポートフォリオ管理を行おうとしているのか、といった金融行政上の重要な課題について、業界横断的な実態把握・分析、課題の抽出、改善策の検討を行い、オンサイト・オフサイトのフォローアップにつなげていく、というものだった。

地域金融機関については、既存の経営情報等に基づき、個々の金融機関のリスクの所在等について事前情報分析を行ったうえで、必要と認められる検証項目について、通常検査を含めたオンサイト・オフサイトの手法を効率的に組み合わせた金融モニタリングを実施していくとされている。その際は、業態ごとの特性等に配慮するとされ、業界に共通する重要課題については、対象金融機関を選定のうえ、水平的レビューを実施する。水平的レビューの検証項目については、一部の地域銀行にオフサイト・モニタリングを実施し、業界横断的な課題について当局としての知見を深めたうえで、確定していくとされている。

　具体的には、適切なリスク管理の下、デフレ脱却のための成長分野などへの積極的な資金供給や中小企業の経営改善・体質強化の支援の本格化を、地域金融機関の役割としていることから、①東日本大震災からの復興に向けた金融面からの対応（二重ローン問題への対応、復旧・復興に向けた資金需要の対応）、②成長可能性を重視した新規融資（企業の経営改善、事業再生、育成・成長につながる新規融資への取り組み）、③地域密着型金融の深化、④中小企業に対する経営改善支援（外部専門家・機関等とも連携したコンサルティング機能の発揮、条件変更等を行った中小企業に対する実効性のある経営再建計画策定支援と進捗状況のフォローなど）、があげられている。今後の急激な社会・経済等の変化に対応するため、経営陣が責任ある迅速な経営判断を行うとともに、五～一〇年後を見据えた中長期の経営戦略を検討することが重要とされている。

　とくに、政府のデフレ脱却の取り組みが進む中での審査の考え方の変更、融資権限・審査プロセスの実態、無担保・無保証融資の位置付け、目利き能力のある人材の確保と育成等与信能力向上に向けた取り組み、信用保証制度の適切な活用等の他に、金融円滑化対応の変化、金融円滑化法対象企業の管理状況と対応方針、経営改善・事業再生への取り組みと課題について重点的に検査・監督することが盛られている。このように、金融円滑化法終了後の中小企業金融に対して、従来にも増して手厚い取り組みが求められている。

図 6-7　日本の中小企業支援体系

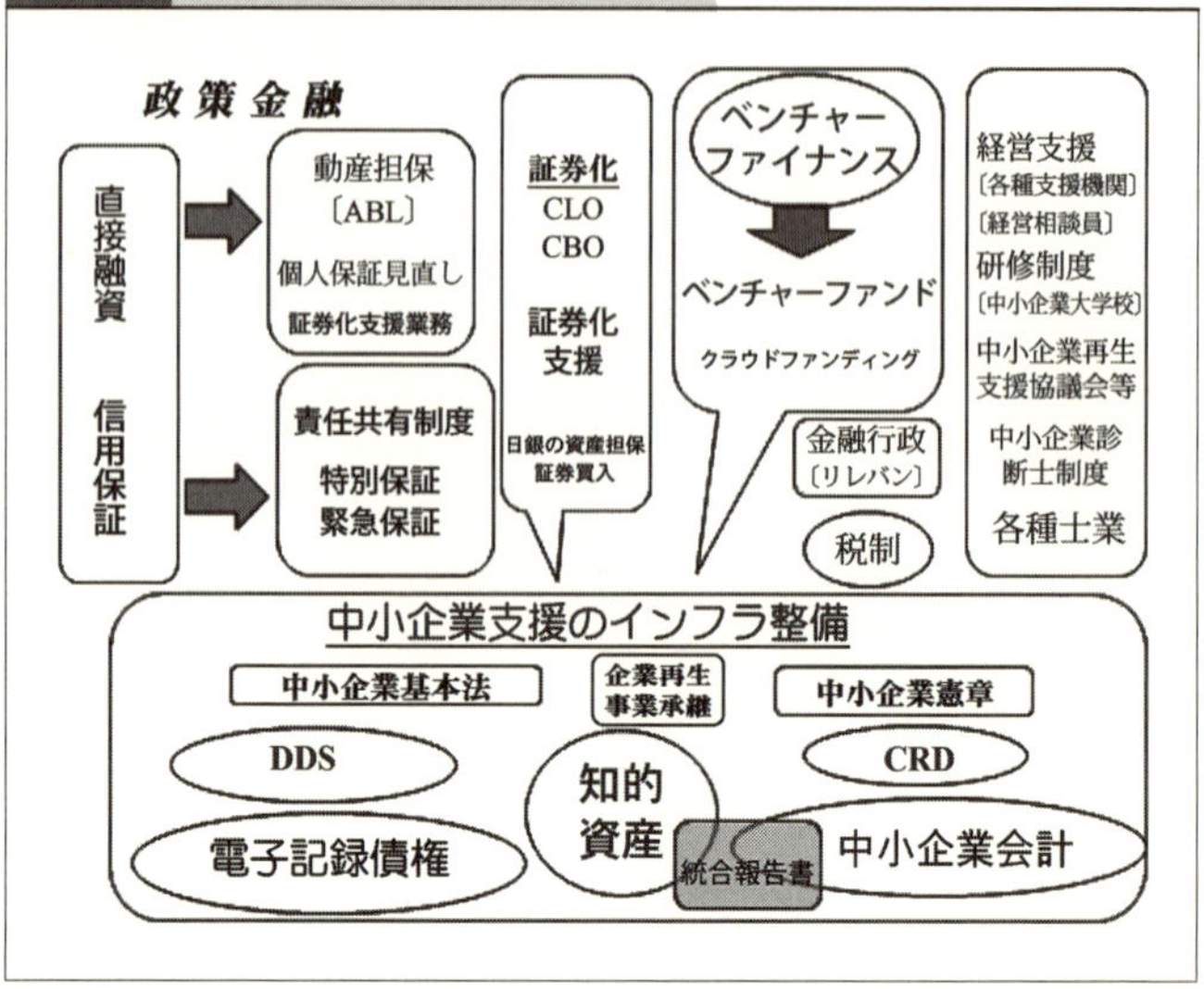

第5節　まとめ

日本の中小企業支援施策は多岐にわたり、政策担当者が中小企業支援は「一に金融、二に金融、三、四が無くて、五に金融」と説明するように、中小企業金融支援に特色があり、諸外国に比しても先進的なものだ。特に、証券化は先進諸国でも類例が少なく、アメリカのSBA保証ローンの証券化プログラムやドイツの政策金融機関である復興金融公庫（KfW）も証券化プログラム（Promise）を行っているが、規模は小さい。SBA証券化プログラムでは、原資産であるSBA保証自体の信用保証（融資額一五万ドル以上は八五％以内・同超は七五％以内の部分保証）、タイムリー・ペイメントという流動性補完（中小企業からの支払遅延があるときにSBAが期日通りに支払う）やデフォルト時にSBAが買い戻すという信用補完措置がある。アメリカの中小企業向け債権の流動化といっても、基になるSBA保証は全中小企業向け貸出の五％程度の規模であり、ＳＢＡの証券化プログラムで証券化されているのはその半分程度であり、大きな規模ではないし、ＳＢＡ保証のないローンの証券化もあるが僅かだったほか、利用も銀行ではなくノンバンクの利用が多いことにも注目しておく必要がある。ドイツのＫｆｗの証券化プログラムにも、クレジット・デフォルト・スワップの当事者になるなど信用補完がある。

ＡＢＬなどは、諸外国に比して立ち上げは弱い感もあるが、法的制約の面もあるからだろう。知的資産の活用は、ＥＵ等の取り組みを取り込んでいる最中でもあるが、統合報告レポーティングの普及が後押しするだろう。政策金融に関しては、いわゆる直接融資から信用補完に移行しており、日本の制度も同様だ。ただし、中小企業のエクイティ・ファイナンスへの対応は途半ばであり、日本型金融システムが産業金融システム中心であることを映している。そのため、シーズ期、スタートアップ期、アーリー期のベンチャー・ファイナンスが不十分な印象が強い。多くの産業革新機構、地域活性化支援機構等官製ファンドが設立されているが、限定されたパイの奪い合いのような状況が生まれている。

いずれにしても、一九九九年における中小企業基本法改正の前後から、中小企業金融に対する支援システムは、政策金融等の充実は無論のこと、金融行政面でも地域密着型金融や貸出条件緩和措置、金融機能強化法、監督指針、事務指針等を通じて中小企業金融の円滑化が重視されている。

このように中小企業向けの支援体系・政策体系は、図6—7に俯瞰的に整理したように、きめ細かく整理され、網羅的ですらあり、諸外国に比しても先進的で、成長国・発展途上国等に対するテンプレート的意義は大きく、中小企業支援策を対外的に広く知らせることも、日本の課題だろう。

第7章 ―― 元気な中小企業を目指して

第1節　政策を知る、調べる、活用する

(1)　政策にアクセスする

日本の中小企業政策は諸外国の中でも先進的であると書いた（第3章）。ところが、国の予算に占める中小企業対策費は二〇一四年度当初予算では一、八五〇億円で、必ずしも多いものではない。一般会計でみると、二〇一四年度予算では、公共事業費約五兆円、文教や防衛関係のそれぞれ五兆円には及ばないにしても食料安定供給対策費やエネルギー対策費の各一兆円に比べても低い。しかし、通常、当初予算では対処できないものは補正予算で追加が行われ、補正後には数千億円の規模になる。これでも規模としては大きいとはいえないが、とはいえ、中小企業対策が貧弱と考えるのは早計だ。

政府金融機関の融資残高は二〇兆円規模の残高であり、公的信用保証の残高は三〇兆円規模だ。合わせると政策金融は官民の中小企業向け融資残高の二〇～二五％程度の規模になる。さらに、各都道府県の行う各種融資のバック・ファイナンス的な資金供給などもあるほか、地方自治体の制度融資も整備されている。

このような国・地方の行う各種の政策にアクセスするには、政策金融機関の窓口、各県等の信用保証協会の窓口を訪ねることや、各地にある商工会や商工会議所の窓口にアプローチすることが第一歩だ。商工会・商工会議所には経営相談員が八、五〇〇人ほどいる。

表 7-1　商工会・商工会議所

区分	商工会	商工会議所
根拠法	商工会法（1960 年）	商工会議所法（1953 年）
地区	原則として、町村の区域	原則として、市の区域
設立団体数	1,905	516
組織率（注）	61%	34%
会員に占める小規模事業者の割合	約 9 割	約 8 割
設立要件	地区内の商工業者の 2 分の 1 以上が会員となること	特定商工業者*の過半数の同意 *従業員 20 人以上（商業・サービス業は 5 人以上）または資本金 300 万円以上の商工業者
事業	中小企業施策、とくに小規模事業施策に重点を置き、事業の中心は経営改善普及事業	中小企業支援のみならず、国際的な活動を含めた総合的な事業を実施（小規模事業施策は全事業費の 2 割程度）

注：商工会は 2008 年 4 月現在。商工会議所は 2007 年 3 月時点。
出所：2008 年度中小企業施策総覧、全国商工会議所連合会ホームページ等より作成。

商工会・商工会議所のほかに、支援機関としての中小企業団体としては、一九五五年九月の中小企業等協同組合法の改正により「中小企業等協同組合中央会」として誕生した各種組合からなる中小企業中央会が都道府県ごとにある（五八年四月中小企業団体の組織に関する法律の施行に伴い「中小企業団体中央会」と名称変更）。この三つが中小企業三団体といわれている。それぞれの中央機関である全国商工会連合会、日本商工会議所、全国中小団体中央会と全国商店街振興組合連合会（商店街振興組合法に準拠）が、法に準拠した全国組織としての四団体だ。

商工会・商工会議所は事業者自身が個別にメンバーになるのに対して、都道府県中央会の構成員は都道府県に存在する事業協同組合、事業協同小組合、企業組合、信用協同組合、商工組合、協業組合、商店街振興組合及びこれらの連合会、その他の中小企業関係団体となっている。

図 7-1 三類型支援センター

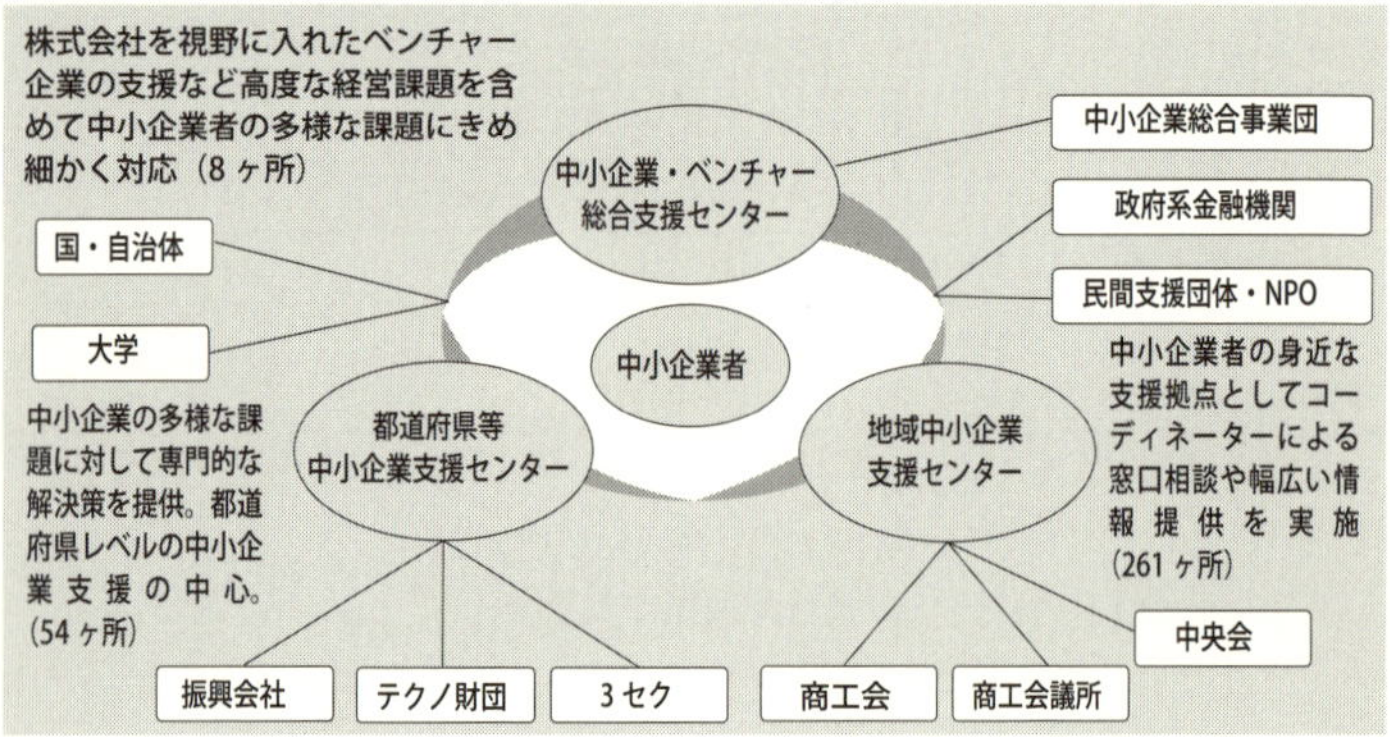

出所：中小企業丁ホームページより作成。

全国組織である全国中央会の構成員は、四七都道府県中央会のほか、全国を地区とする中小企業関係組合、団体等が加入しており、都道府県中央会と全国中央会の会員団体数の合計は、約三万五、〇〇〇団体だ。中央会は各種中小企業関係組合等を網羅的に組織した総合指導機関であり、中小企業組合をはじめとする連携組織の利益を代表し、その発展を図ることを使命としている。全国商店街振興組合連合会は、四七の都道府県商店街振興組合が会員で、その傘下に一、七五〇組合、一〇万の店舗が加入している。このほかに、各組合についての都道府県単位組織・全国組織等があり、中小企業の各種団体は多様で、中小企業家同友会等がある。

このような地域にある地域中小企業センターのほかに、各都道府県には、支援センターがある。支援センターの支援機関である中小企業基盤整備機構と合わせ、「三類型支援センター」と呼ぶ。中小企業支援センターは、新しい中小企業政策の目標達成のため、中小企業者の多様な課題に対して専門的な解決策を提供し、地域中小企業支援センター、都道府県等中小企業支援センター及び中小機構（中小企業・ベンチャー総合支援センター）の三類型の中小企業支援センターを中心とする支援体制により、窓口相談、専門家派遣、事業可能性評価、情報提供等の事業が実施されている。

これらの政府金融機関の窓口、各種支援センターの窓口に出向くことが、政策支援を受ける第一歩だとしても、事前に一定の知識を得ることも重要だ。そのために役立つのが「J-net21」というウエブサイトだ。

表 7-2 「J-net21」のサイトマップの一部（1）

起業する
闘いつづける経営者たち
起業 ABC
業種別スタートアップガイド
創業者列伝 II
新・会社法のポイント
中小機構のインキュベーション施設
エンジェル税制のご案内
明治・大正・昭和のベンチャーたち
～創業者列伝～傑物の遺伝子
絶対申請しておきたい！創業促進補助金
事業を広げる
農業ビジネスに挑む
中小企業の海外展開入門
東日本大震災復興支援仮設施設入居企業からのメッセージ
技術開発を支援する！ SBIR［中小企業技術革新制度］
地域資源活用チャンネル
農商工連携パーク
にぎわい広場
新連携アベニュー
事業化最前線レポート 2007
国際化支援ポータル
成長分野への参入を目指す！

出所：http://j-net21.smrj.go.jp/common/sitemap.html より作成。

(2)「J-net21」

「J-net21」（中小企業ビジネス支援サイト）は、中小企業基盤整備機構が運営する中小企業のためのポータルサイトで、公的機関の支援情報を中心に、経営に関するQ&Aや数多くの企業事例などを簡単に調べることができる。「J-net21」のサイトマップを紹介すると（表7—2）、起業する場合の参考事例・スタートアップガイド、補助金の案内など

表 7-3 「J-net21」のサイトマップの一部（2）

支援情報・機関を知る
支援情報ナビ
支援情報ヘッドライン
中小企業支援施策［平成 25 年度版］
人材・就活サポートステーション
中小企業診断士の広場
施策活用企業事例
動画でみる中小企業☆人財支援プロジェクト
中小受託ソフトウェア企業の今後の展開
ハンズオン支援事例集
アスベスト情報ナビゲーター
まちづくり支援ポータル
経営革新計画承認のご案内
中小企業・ベンチャー総合支援センター窓口相談
経営をよくする
売れない時代に売れる理由
商いよろづ研究所
事業継続マネジメント
人材活用の決め手
小売・流通業の新常識
中小企業大学校の上手な使い方　成長企業にみる人材育成
中小企業向けファンド
元気印中小企業
変わる大手企業の購買戦略
SaaS & ASP 活用術
ビジネス Q&A
法律コラム
中小企業の税金と会計
事業承継ポータル
取引振興情報サイト
経営自己診断システム
中小企業のための情報セキュリティ Q&A
財務諸表公開の手引き

出所：http://j-net21.smrj.go.jp/common/sitemap.html より作成。

が手引き的に利用できる。事業展開についても、海外展開・連携など各種の案内がある。

このサイトの中に支援機関に関する諸情報もあり、アプローチの情報もある。例えば、「支援情報ナビ」をクリックすると、国・都道府県の中小企業支援事業が一覧できる。国の支援事業をクリックすると、重点施策、経営サポート、金融サポート、財務サポート、商業・地域サポート、相談・情報提供などを検索できる。表7―3の「経営をよくする」の下の方に「経営自己診断システム」という項目がある。このシステムは、自社の財務データを二六項目入力すると、同業他社との比較などを行うことが無料でできる。これは、先に述べたCRDに蓄積された同業他社の大量データと比較することで、業界内における各財務指標値の位置を把握するものだ。このほか、安全性の指標をデフォルト企業（倒産や借入金の延滞などにより債務不履行に陥った企業）の財務データと他社の大量データとを比較することで、経営危険度を把握することができ、各財務指標値の「算出式」「指標の意味」「対策・判断基準」を解説してくれるので便利だ。

このように、中小企業の経営等に関する情報を多面的に提供しており、活用するとよい。

第2節　知的資産報告書を作る

(1)　中小企業の生命線

中小企業は、一般的に財務力が弱い。場合によると、帳簿も整備されておらず、財務諸表の信頼度も低い。中小企業の財務諸表は、税理士の作成によるものが多く、税務対策で作成されることも多く、利益等が低めに計上されることもあり、企業の財務力を正確に反映しないこともある。したがって、中小企業会計の普及が焦眉の急になっている。

「ネットde記帳」というシステムが標準システムとして普及しつつある。これは、経理ソフトとして初めてインターネットを利用したASPシステム（アプリケーション・サービス・プロバイダー。インターネット回線を通じて提供されるサービス）で、一般のソフトと同様、伝票入力や決算、各種申告書作成等が〝いつでも〟〝どこでも〟〝誰にでも〟簡単に行える経理システムだ。商工会がこのシステムを導入し、現在、商工会・商工会議所が行う記帳機械化事業の標準システムとして、「ネットde記帳」は全国三五県で導入され、六万五、〇〇〇事業所以上の経理データが商工会・商工会議所において代行処理されている。

「ネットde記帳」は、帳簿入力や集計ができる会計システムで、インターネット環境があれば、いつでもどこでもすぐに利用でき、パソコンのOSに依存しないし、メンテナンス・フリーなので利用者はつなぐだけでよく、事業者ごとのID、パスワードで個別に管理し、データ処理は暗号化のうえ毎日、データをバックアップするのでセキュリティが高く、商工会・商工会議所では、操作方法等のサポートを行っている。このシステムはビジネスオンライン社が二〇〇〇年八月からサービス開始したASP事業で、二〇一一年七月にパイプドビッツ社に事業譲渡された。

しかし、いくら帳簿を整備しても、中小企業の財務がすぐに良好になるわけではない。中小企業のポテンシャルや将来性は帳簿には現れない部分が多い。そのポテンシャルなどを非財務情報ないし定性情報・ソフト情報と呼ぶ。財務情報はいわばその企業の過去の実績・資産価値に過ぎず、その企業の将来価値ないし潜在力・成長力は十分に反映されない。中小企業の将来価値・潜在力を現すには別の手法が必要になる。それが知的資産・知的資産経営報告書だ。

知的資産に関する情報は、経済産業省の「知的資産経営ポータル」に詳しい。知的資産・知的資産経営とは何か、その開示の意義、開示事例などについて説明がなされている。

(2) 知的資産経営報告書を作る

企業の非財務情報を表す工夫として注目されるのが、知的資産経営報告書だ。企業のもつ資産には会計上の資産のほかに、企業の競争力の源泉である人材・技術・技能・知的財産（特許・ブランド等）・組織力・経営理念・経営戦略・顧客とのネットワーク・レピュテーションなど、財務諸表には表れてこない、目にみえにくい経営資源があり、これを知的資産（自社の強み）という。

専門的には、関係資産・構造資産・人的資産という。関係資産とは、企業の対外的関係に付随した全ての資産をいい、イメージ・顧客ロイヤリティ・顧客満足度・供給業者との関係（ネットワーク）・金融機関への交渉力などを指す。構造資産とは、従業員が退職しても企業内に残留する資産で、組織の柔軟性・データベース・企業文化・システム・手続き・文書サービスなどのその企業に固有な資産を指す。人的資産は、従業員が退職時に一緒にもち出す資産つまり従業員の特性で、従業員のイノベーション能力・想像力・ノウハウ・経験・柔軟性・学習能力・モチベーション・技術・スキルなどを指すほか、経営者の資質（リーダーシップ・先見性・経営戦略・経営能力など）も含まれる。具体的には、製造段階での「すりあわせ」に代表される製品の細部へのこだわり（技術・ノウハウ）、顧客との意思疎通による問題解決型の商品・サービス開発（スピード、組織、システム）、要求レベルの高い消費者の存在と、企業の結びつき（質の高い顧客とのネットワーク）、レベルの高い従業員のモチベーションの維持・能力発揮を可能にした雇用・組織関連のシステムなどだ。

非財務情報（知的資産）の評価チェックリスト

関西では経済産業局近畿局が積極的に非財務情報の活用に取り組んでおり、先進的な試みが多い。その一つに二〇〇六年一〇月に日本公認会計協会近畿会の作成した「非財務情報（知的資産）の評価チェックリスト」がある。これは企業の非財務情報を各項目別にポイントづけし、評価するものだ。この取り組みは大阪商工会議所での事業となり、現在は同会議所のホームページにチェックリストがアップされている。

関西の地域金融機関は、このチェックリストを顧客とのコミュニケーション・ツールとして活用しているところもある。二〇〇七年二月の金融庁金融審議会におけるリレーションシップ・バンキングの地方懇談会・大阪会合では、大阪商工会議所がこの日本公認会計士協会近畿会作成の「チェックリスト」を活用している旨の発表を行ったが、同近畿会と大阪商工会議所が連携し、実際にいくつかの金融機関で顧客とのコミュニケーション手段としての活用を普及促進している。その結果、実際にこのチェックリストを活用している金融機関も数機関あるとされ、そのうち二機関は審査に参考資料的に活用している。この近畿会の手法も知的資産経営を実現する重要な手法だ。具体的には、りそな銀行がベンチャー向け融資について同チェックリストを活用し、自行の判断を加味した融資を実行しているほか（二〇〇七年当時の報道では、二社ほどの融資実行例があるという）。また尼崎信用金庫では、この近畿会のチェックリストを実際の企業数十社に適用し、審査の入り口段階の企業とのコミュニケーションに積極的に利用することを開始しているという。但陽信用金庫も知的資産経営報告書作りに積極的で、セミナー開催や実際のレポート作成を行い、企業の経営改善・販路開拓・事業承継・業容拡大に役立てるとともに、庫員が作成に協力することでスキルアップも図っている。同様の試みは西兵庫信用金庫や呉信用金庫にもみられる。

日本における知的資産経営に関する検討としては、産業構造審議会「中間報告書」や「知的資産経営の開示ガイドライン」（二〇〇五年一〇月）があるが、これらは主に大企業が対象にされており、必ずしも中小企業の実態や目的に沿ったものではなかった。そこで、二〇〇六年一月に中小企業知的資産研究会が組織され、中小企業を対象として、知的資産経営の実践の仕方、金融機関、従業員、取引先等のステークホルダーの共感を得て経営改善につなげる方策、知的資産経営の普及策・支援策等について検討を行い、その報告書も同年三月に公表された。その後、同作成マニュアルなどが整備されている。

二〇〇七年三月中小企業知的資産経営研究会は、『中小企業のための知的資産経営マニュアル』を公表し、中小企業が知的資産経営を行ううえでの指針と作成マニュアルを提示した。その内容は、【知識編】（第1章・中小企業経営の現状、第2章・知的資産経営のための基礎知識、第3章・知的資産を効果的に活用している一七社の事例）、【実践編】（第4章・知的資産経営マニュアル）、【モデル企業実例編】（第5章・知的資産経営支援事業のモデル企業支援事例）、【巻末】（中小企業支援者のための「知的資産経営報告書作成支援ガイド」）からなる。実際にモデル的に報告書を作成する作業を行い、活用の実例を示している。

二〇一四年七月現在発表されている知的資産報告書は、㈱データプレイス、㈱オールアバウト、㈱日本政策投資銀行、ネオケミア㈱、㈱ニーモニックセキュリティ、㈲ＡｉｒＮａｖｉ環境計画、㈱エマオス京都、㈱プロテインクリスタル、㈲魁半導体、㈱センテック、テルモ㈱、㈲平井活魚設備、日産自動車㈱、㈱堀場製作所など二九七社だが、そのうち中小企業が大半を占める。

中小企業で日本最初の例

㈱オールアバウト社は、日本の中小企業としては二〇〇五年一〇月に日本最初の知的資産報告書を作成したが、これはJASDAQへの上場に際してのものだった。この報告者は、IC-ratingという手法が活用され、ビジネスレシピ、関係資産（ネットワーク、ブランド、顧客）、組織資産（プロセス）、人的資産（経営陣、従業員）の項目について、社内九人、社外の一八人にインタビューしたうえで、現在の評価（効率性）、将来の評価（革新性）、事業リスクを格づけし、その総合として知的資産を評価している（図7—2。残念ながら、現在はホームページにはアップされていない）。

ネオケミア㈱の知的資産報告書の例

中小企業で知的資産経営報告書を作成したほぼ最初の例であるネオケミア社の報告書（二〇〇五年一二月）を紹介しよう。同社はこの報告書を活用して池田銀行から融資を受けた実績をもつ。図7—3がその内容で、全体は二三頁で、企業の経営哲学、事業実績、強みとそれを実現する戦略という骨格で記載されている。

図 7-2　オールアバウト社の IC-rating

■当社の知的資産総合評価（IC Rating 獏）

当社は 2004 年度に IC Rating 獏を実施し、当社の知的資産の価値を測定・評価しました。以下はその総合評価結果です。

- 調査実施期間：2005 年 2 月 17 日～ 3 月 11 日
- インタビュー対象者：社内経営陣 3 名、社内従業員 6 名、社外関係者 18 名（株主、広告主、広告代理店、制作会社、ガイドなど）

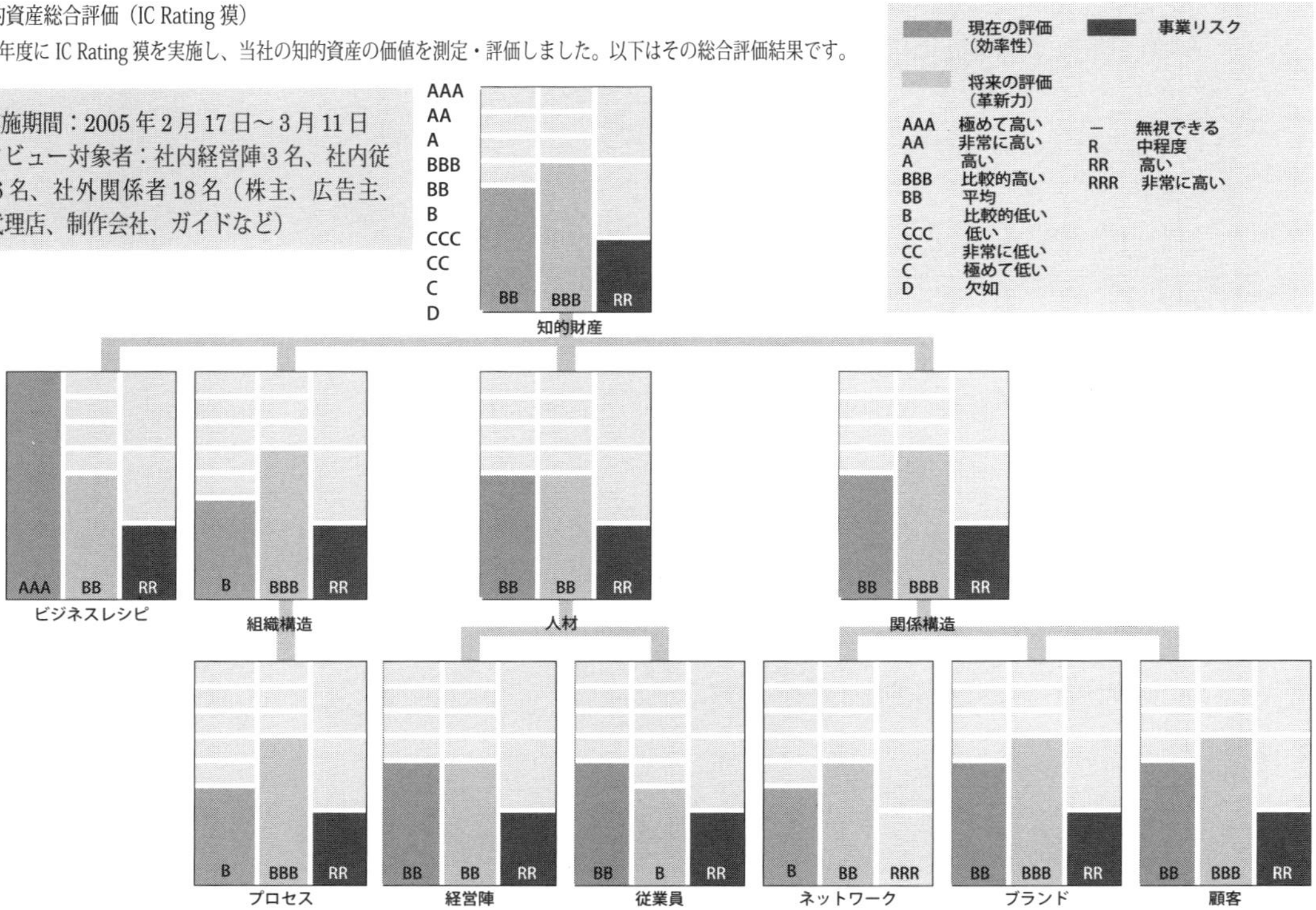

『中小企業のための知的資産経営実践の指針』二〇〇八年一〇月

中小企業知的資産経営研究会はファイナンスワーキンググループを組成し、地域金融機関における知的資産の活用を調査した。そのアンケート調査によれば、知的資産（非財務情報）に関する情報の利用状況が分かる（地域金融機関を含む都銀以下五七五機関に二〇〇八年五〜六月に調査し、七六・三％の回答率）。

金融機関の営業支援、融資判断等の局面で、情報の利用度は、財務情報が七割で、非財務情報が三割であり、非財務情報を活用する割合は低いものではない。また、非財務情報を三割以上活用している金融機関は全体の五割以上だ。

アンケート調査で明らかになった主な点は以下の通りだ。

①金融機関の営業支援及び融資判断における非財務情報の活用実態や重視項目が明らかとなった。例えば、営業支援時における活用は、経営計画や経営管理能力、後継者の有無が上位を示し、融資判断における活用は、資金調達余力や他行との取引状況、後継者の有無等があげられ、上位項目をみると、事業価値に関する目利きより不動産担保や個人保証を重視する傾向がまだ根強い感がある。

②金融機関における地域密着型金融（リレーションシップ・バンキング）の対応としても、リレバンのアクションプログラムが公表された後に重要視されている項目として、コンプライアンス体制、経営計画、事業の変遷等が上位を占めている。コンプライアンスの重要性等の背景には、食品の産地や賞味期限偽装問題、住宅の耐震強度偽装問題等から企業リスク対応等があるものと思われ

図 7-3　ネオケミア社の知的資産経営報告書

会社名：ネオケミア株式会社

設　立：平成13年5月

所在地：兵庫県神戸市

資本金：9,200万円

事業内容：医薬品、医療器具、化粧品の研究開発
委託製造による自社開発化粧品の販売並びにOEM供給

＜報告書の構成＞

経営哲学 → 事業内容と実績 → 経営方針 → 強みと知的資産 → 研究開発戦略／事業戦略／知財戦略 → まとめ → 別添（知的資産指標） → 会社概要

経営哲学

「スカーレスヒーリング（傷跡を残さない傷の治療）」の実現を目指し、苦痛のない治療や、きれいな外観で一生過ごせるようにする技術の開発を行ってゆきます。このため、「高度の専門知識と卓越したアイデアでプロ中のプロにしか出来ない製品開発を行う」ことを企業理念としています。また、日本発の技術を世界に発信することにより、わが国の発展に寄与することを目指しています。

経営方針

自社の成長プロセスを３つのフェーズに分けて方針を明確にします。

草創期
・基礎技術と製品化の研究
・化粧品はOEM中心の販売
・医薬はライセンス中心の販売

成長期
・知名度は向上傾向
・製造委託先の拡大
・新規事業立ち上げ
・海外展開（輸出）
・共同研究、開発の充実

（現在）

発展期
・ブランド確立
・株式公開
・医薬品自社開発・製造・販売
・工場、研究所の拡充
・世界的に輸出

強みと知的資産

1　技術の優位性
①炭酸ガス経皮吸収・・・強力な組織再生作用を促す技術
②熱力学的DDS・・・塗るだけで薬の効果を出す技術
→いずれも世界的に前例のない、画期的な新技術としてアピール

2　知的資産とその活用
①人的資産（研究開発に優れた経営者、優秀な研究スタッフ）
②構造資産（新領域の技術：競争相手がほとんどいない技術領域）
③関係資産（大学・製薬会社との良好な関係、OEM先や販売先との良好な関係
→これらの優位性を示す各種指標、表を利用して説得力を高めている

出所：http://j-net21.smrj.go.jp/common/sitemap.html より。

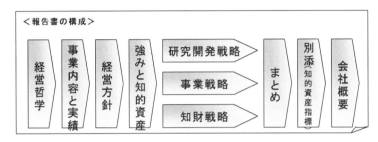

る。

③知的資産の利用度（評価の視点）においては、人的資産、関係資産、構造資産といった関係でみると、

融資判断においては、関係資産が高く、とくに他行との取引状況や関係会社等が上位だ。

融資判断において重視されている項目は、総じて営業支援においても重視されているが、とくに差異がみられた項目として、後継者の有無等がある。金利（利率）変更に影響するのは構造資産、人的資産だ。

過半数以上の金融機関は、定型のヒアリングシートを用い評価している。金融機関別における非財務情報の活用においては、地銀が最も高い。

このように金融機関では非財務情報を相当程度活用していることが分かる。一層の活用には、非財務情報の文書化の定型化（知的資産報告ないし知的資産経営報告書）と簡略化、その文書が適正なものであることを客観的に評価するシステム（格付け機関のようなシステム）が必要だ。さらに金融検査等でこの知的資産・非財務情報活用の融資事例を相応に評価することだろう。

簡易なレポート

知的資産経営報告書というと、ページ数もある程度必要で、作成のハードルが高いという印象もある。そこで、その簡易版として「事業価値を高める経営レポート」も提案されている。図7―4はその基本的な部分を示したものだが、このようなレポートだけでも充分な価値がある。詳細は、中小機構のホームページにある。

図 7-4　事業価値を高める経営レポート（1）

3. 事業価値を高める経営レポート作成のポイント　P12

(1)企業概要

1. 企業概要　2. 内部環境　3. 外部環境　4. 今後のビジョン　5. 価値創造のストーリー

企業概要について

《記載例》

キャッチフレーズ	自社を一言で表した特徴。読み手へのメッセージ。
企業概要	代表者名、所在地、電話番号、業務内容、資本金、従業員数、HPのアドレス、直近業績、主な設備（製造業）、店舗数（小売業）、車両数（運送業）など
沿革	組織・商号変更、代表交替、移転、拠点開設、関連会社設立、各種許認可取得、知的財産権取得など
経営理念	経営ビジョン、企業の使命、事業指針、行動規範など
受賞歴・許認可	受賞歴、各種認証、企業又は従業員の保有資格と資格保有者数など

《フォーマット例》

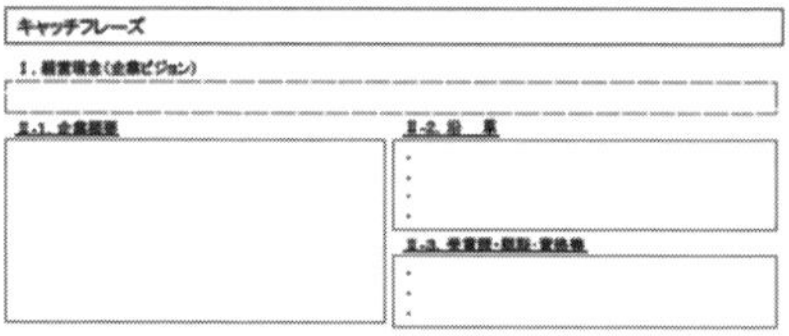

自社の特徴、差別化ポイントを一言で記載します。

自社を把握する上で最低限知ってもらいたい内容（企業概要）、成り立ち（沿革）、会社が大切にしている価値観（経営理念）、アピールすべきポイント（受賞歴など）を記載します。

企業概要の考え方

「自社を把握してもらうためには、何を知ってもらう必要があるか」という視点で、整理します。

《企業概要の検討フロー》

現在の企業概要情報の収集・整理（会社案内など）　既存情報を整理します。

→ 記載内容の選択と補足情報の追加　記載項目を選びながら、不足情報を補います。

→ レポートの作成↓概要の補足検討　他項目の検討過程で追加情報がある場合、修正します。

→ キャッチフレーズの検討（再検討）　既にある場合は、整合性があるかを確認・検討します。

□ 企業理念について

企業を経営していくことで何を達成したいのか、経営において大切にしている考えは何かを簡潔にまとめます。創業の経緯、企業名の由来から導き出してもよいでしょう。

□ キャッチフレーズについて

読み手が本レポートを見たときに、最初に興味を持って見てもらえるよう、「一番伝えたいこと」という視点で検討します。

出所：http://www.smrj.go.jp/keiei/chitekishisan/059975.html より。

図 7-5　事業価値を高める経営レポート（2）

(2)内部環境(業務の流れ)

1. 企業概要
2. 内部環境
3. 外部環境
4. 今後のビジョン
5. 価値創造のストーリ-

内部環境(業務の流れ)について

《記載例》

業務の流れ	各業務(部門)の工程(企画開発～販売、アフターフォローまで)とそれぞれの役割、担当部署、行っている業務の概要など
差別化できる取り組み	各業務(部門)において、他社にはないユニークな取り組み、顧客に価値を与える提供物を生み出すために重視している取り組みなど
顧客提供価値	顧客に選ばれる理由(顧客満足に繋がっている顧客視点での評価要因)

《フォーマット例》

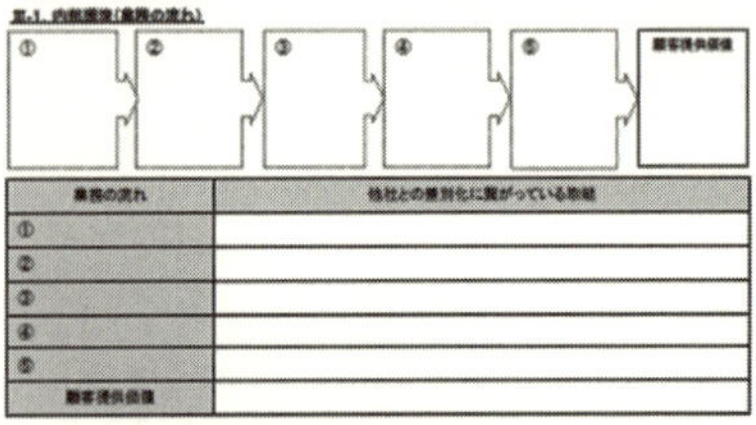

自社の業務の流れを体系的に把握できるように、各業務の概要や工程、担当部署などを記載します。

各業務(部門)において、顧客に選ばれ続けるために行っている独自の取組や、重視している取り組みなど、他社との差別化につながる取り組みを記載します。

内部環境(業務の流れ)の考え方

業務の流れを見える化することにより、会社の業務を俯瞰できるようにします。

《業務の流れの検討フロー》

顧客提供価値の検討・整理
顧客にどのような付加価値を提供しているかをまとめます。

業務の流れの検討・整理
業務(行程)ごとに概要と役割、担当部署などをまとめます。

→ **他社との差別化に繋がっている取り組みの検討・整理**
業務(行程)ごとで行っているユニークな取り組みや重視しているポイントなどをまとめます。

□ 顧客提供価値について
自社だけでなく、顧客から聞いた継続受注の理由など顧客の声を参考にして検討しましょう。例えばQ(品質:Quality)、C(価格:Cost)、D(納期:Delivery Time)の視点で整理するのも有効です。

□ 業務の流れについて
最終提供物が出来る過程(工程)とともに、部門がどのように繋がっているかを検討・整理しましょう。

□ 他社との差別化に繋がっている取り組みについて
提供価値を生み出すために、各工程で行っている取り組み(工夫)を検討・整理しましょう。

出所：http://www.smrj.go.jp/keiei/chitekishisan/059975.html より。

(3) 地域金融機関への期待

リレーションシップ・バンキングに魂を入れる

このような知的資産経営報告書を多くの中小企業が作成し、企業価値の対内・対外的な共有と開示によって、ソフト情報を金融機関などと共有することが期待される。金融機関はこのような報告書を評価し、その内容を担保価値のあるものとして活用することに努めることで、普及に寄与することになろう。いずれにせよ、取り組みは始まったばかりだが、リレーションシップ・バンキングに魂を吹き込むことができるものといえよう。

知的資産経営報告書には、経営者自身・従業員への気付きのほか、取引先などへの周知、リクルート活動への寄与などもある。それに加えて企業の資金調達面での有効性が中小企業の場合には重要となる。中小企業経営の困難の一つは資金調達であるといわれるが、資金供給元の金融機関にすれば中小企業の財務諸表が内容不足だったり、信憑性に疑義がある場合には十分な審査資料足り得ない。そこで、それを補強する審査資料として知的資産経営報告書が重要になる。とくに、非財務情報を提供する知的資産経営報告書の意義は大で、少なくとも、審査のきっかけないし入り口としての有効性は高い。無論、財務諸表が活用できる場合には、それを補強ないし補完する非財務情報としての意義は極めて大きいことはいうまでもない。

リレーションシップ・バンキングのコンテクストでいえば、ソフト情報を知的資産経営報告書で代替できるはずであり、その推進に当っては不可欠になる。そこで、地域金融機関は積極的に知的資産経営報告書の作成を中小企業に促し、審査等に活用すべきだろう。

いずれにしても、リレーションシップ・バンキングは金融機関の融資手法ないし信用評価において、デフォルト損失評価（デフォルト時の損失を回避・軽減するもの）からデフォルト確率（融資先企業の将来キャッシュフローの創出能力にフォーカスする）を迫るものだ。デフォルト損失評価は製造業中心のプロダクト型経済に適合した手法で、デフォルト時の損失に充当する担保資産の評価に大きな関心が寄せられ、担保資産として処分性の高い不動産等の物的資産や有価証券等の金融資産が担保資産として活用される。これに対してサービス業中心のナレッジ型経済ではリレーションシップ・バンキングがより重要な手法になり、融資においてデフォルト損失の軽減よりも、デフォルト確率に影響するキャッシュフロー評価に重点が置かれ、企業における継続的キャッシュフローの創出能力に対する評価すなわち知的資産経営がより重要視されるようになったとも整理可能だろう。

金融検査マニュアル

金融庁の『金融検査マニュアル』（二〇一四年六月）の「金融円滑化編チェックリスト」のⅠの「一、方針の策定」の「②金融円滑化管理方針の整備・周知」の二には、「顧客の事業価値を適切に見極めるための能力の向上に関する方針」を徹底することが求められている。さらに、「管理責任者の役割・責任」のなかに「（ⅴ）顧客の技術力・成長性等や事業そのものの採算性・将来性を重視せず、担保や個人保証に過度に依存した対応を行っていないか。例えば、顧客の事業価値やキャッシュフローの見通し等を適切に検討することなく、融資額が不動産担保の処分可能見込額を超えるといった理由のみで融資を謝絶又は減額していないか。また、過度に厳しい不動産担保の処分可能見込額のみを根

図 7-6 「J-net21」のサイトマップの一部

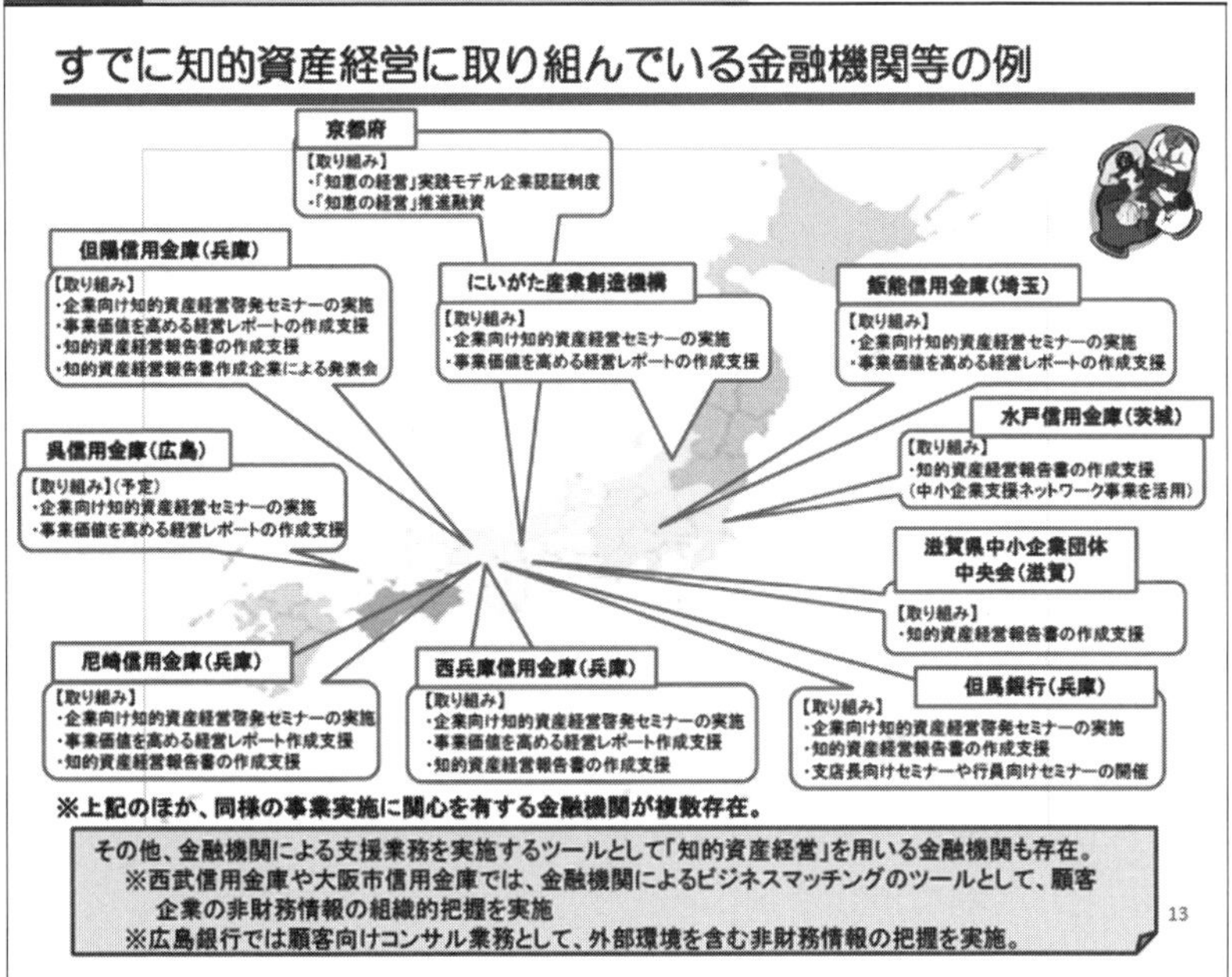

出所：http://j-net21.smrj.go.jp/common/sitemap.html より。

拠として、融資を謝絶又は減額していないか。さらに、担保価値の減少等を理由として、相当の期間を設けることなく、顧客の実情にそぐわない追加担保・保証を要求していないか」(三七～三八頁)という指摘で過度の担保・保証への依存を牽制し、「Ⅲ、個別の問題点」の「二、中小・零細企業等向け融資」の「②【取引先である中小・零細企業等に対する経営相談・経営指導及び経営改善計画の策定支援等の取組み等】」では、「(参考二)中小企業に適した資金供給手法の徹底に係る具体的な手法例」として「・特許、ブランド、組織力、顧客・取引先とのネットワーク等の非財務の定性情報評価を制度化した、知的資産経営報告書の活用」(四三～四四頁)という表現がある。

このように、金融行政でも重視されている点を地域金融機関はよく見据えてほしい。

経済産業省知的財産政策室は、二〇一三年一二月に「地域金融機関と連携した知的資産経営の推進について」を作成したが、地域金融機関にとって知的資産経営がいかに重要なのかを解説した役に立つ資料だ。是非、ご覧頂きたい。

二〇一四年六月二四日に、『日本再興戦略　改訂二〇一四』が閣議決定された。その中に、「地域金融機関等による事業性を評価する融資の促進等」をあげている。これは、日本産業再興プランとして産業の新陳代謝の促進などをあげているが、金融関係では金融・資本市場の活性化等と並んで、地域活性化（中堅企業・中小企業・小規模事業者の革新）が提示された。その柱は、地域金融機関等による事業性を評価する融資の促進等にある。その具体的手法は明示されていないが、すでに述べたことから明らかなように、知的資産報告書などの活用がその肝であることはいうまでもない。

第3節　金融機関を使う

(1)　金融機関との付き合い

中小企業が、元気になるには金融機関との付き合いが重要だ。地域金融機関は、リレーションシップ・バンキングが最大の経営目標になっている。地域を活性化し、地域を支える中小企業を育成・支援することが、金融行政上も求められているからだ。

地域金融機関は、ビジネスマッチング、異業種交流会など種々のマッチングを行うほか、経営者の交流会・研究会、セミナー・講演会なども日常的に実施している。金融機関に期待される役割が、円滑な資金供給だけではなく、コンサルティング機能すなわち経営相談・経営支援などに重きを置くことが求められるからだろう。

例えば、リレーションシップ・バンキングの優等生といわれる静岡銀行の「中期経営計画」では、地公体・外部支援機関との連携強化、産学官金連携による産業集積、地域再生・活性化ネットワークなどの地銀広域連携を活用した地域へのリスクマネー供給などのように、連携がキーワードになっているが、このような連携に中小企業自身が主体的に関わることも重要だろう。

朝日信用金庫は、「コラボ産学官」を立ち上げているが、これは、地域の中小企業と大学等の研究機関や行政を結びつけ、地域産業の活性化を図ることを目的に、朝日信用金庫が中心となって設立した産学官連携組織だ。二〇〇六年には、「コラボ産学官ファンド」を創設し、ベンチャー企業の育成を資金面からも支援しており、地方支部も六ヶ所あり、活動の規模が全国に展開している。なお、コラボ産学官は、二〇〇八年一二月に「一般社団法人」となった。

コラボ産学官プラザには、北見工業大学、弘前大学、群馬大学、信州大学、富山大学、岐阜大学、福岡工業大学、大分大学、東京農工大学、産学連携機構九州など一四機関が入居し、会員大学として電気通信大

図 7-7 「コラボ産学官」の仕組み

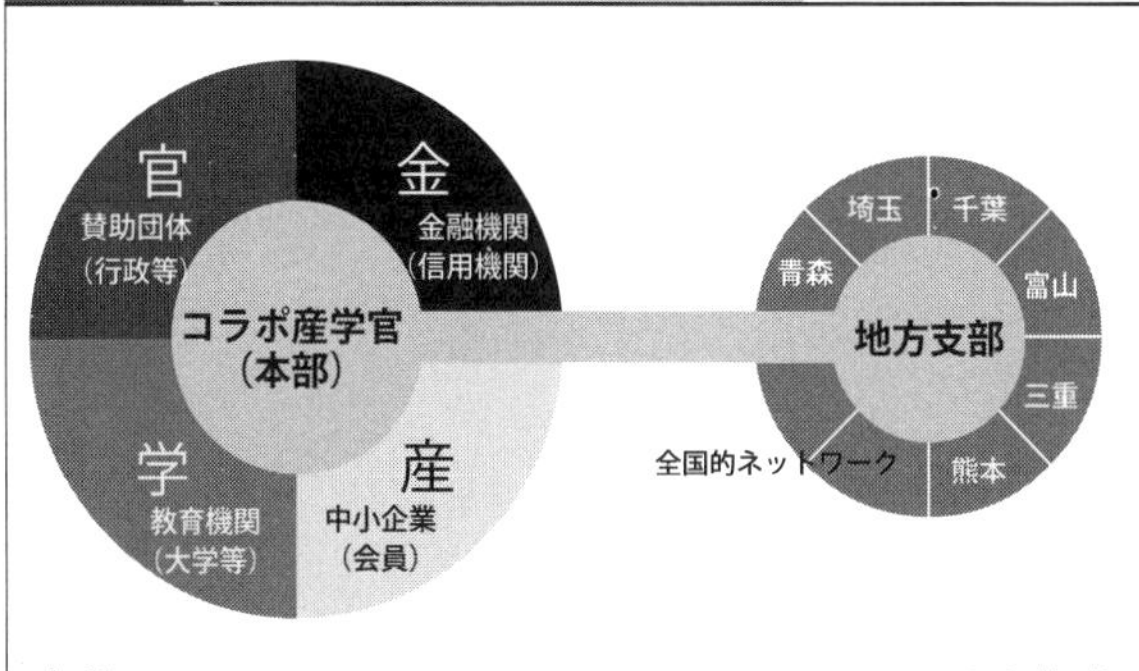

出所：http://www.asahi-shinkin.co.jp/collabo/index.html より作成。

学、中央大学、長岡科学技術大学、島根大学、熊本大学、福井大学、三重大学など一三機関が加盟しており、朝日信用金庫のほかジャフコ、大和SMBCキャピタル、あずさ監査法人、野村證券、科学技術振興機構（JST）、東京都産業技術研究センターなど一一機関が支援している。

このように、いま、金融機関との付き合い方のキーワードは「連携、つなぐ力、つながり力」だ。「つながり力」という言葉は、近年、行政などでも言及されることが多くなったが、地域社会における人々の紐帯からもたらされる信頼関係や規範、ネットワーク等を示す言葉でもあり、社会関係資本（ソーシャルキャピタル）として位置づけられ、その重要性が注目されている。社会関係資本が社会経済に与える影響は、人々の安心感を醸成する可能性があるといわれている。つまり、「つながり力」とは、自らの利益追求のみに終始せず、むしろ他者の利益を優先し、計画し、追求することにより、自己の強みの発見と、自己の成長機会を実現しようとする人々が、情報や知恵を共有・循環させながら、また様々な経営資源を交換しながら、新たな事業を共同で創出し、経済活動や地域社会に、人間的な喜びを取り戻していく力とも理解され、地域活性の基礎ともいわれる。

かつて地域産業は、生産、加工、流通、消費がつながり、地域内で循環していたが、全国的な流通に組み込まれ、経済のグローバル化にともない、世界がフラット化する中で空洞化した。しかし、分断された地域の商流は残り、その地域の企業・産業・経済関係をつなぎ、新事業や新しい商流、そして地域のイノベーションが「つながり力」によって起こることによって地域も活性化するといわれる。

このような「つながり力」につながるためには金融機関との付き合い方が重要だ。金融機関は、種々の取引を通じて地域の様々な情報を集積している。その引き出しを活用することが賢い付き合い方といえよう。

(2) 信金と付き合う

信用金庫って

信用金庫という金融機関をどれくらいの人が知っているだろうか。全国に二六七ある金融機関だ。地方銀行などと同じように地域に根を下ろした金融機関で、メンバーシップを基本とする。このようなタイプの金融機関を協同組織金融機関と呼んでいる。ある信用金庫から借入れをするときに、その信用金庫に出資をしてその会員（メンバー）になることから、協同組合の形をなすので、信用組合・労働金庫・農協などと同じ協同組織金融機関のカテゴリーに入る。

メンバーシップといっても、預金をする場合には、誰でも、どこからでも、二六七あるどの信用金庫にも預け入れることができる点では銀行と同じだ。

協同組織金融機関が銀行と比べて何が違うかというと、営利を目的としないという点だろう。銀行は株式会社なので営利目的で設立されるのに対して、協同組織金融機関はメンバーの相互扶助を目的とするので、営利を目的としない。それゆえ、法人税などの軽減措置がある。銀行の法人税率が二二・五％なのに対して、協同組織金融機関は公益法人と同じように一九％の税率となっている（法人税法六六条三項）。印紙税も相互扶助性とその取り扱う預金が比較的零細であることから、非課税となっている。これ以外にもいくつか税制上の軽減・免除措置などがある。

このような法的性格をもつ協同組織金融機関、とりわけ信用金庫は地域に密着し、地域との運命共同体ないし使命共同体であることをそのアイデンティティとしている（協同組織性、地域限定）。さらに、法令や定款で貸出は中小企業に特化すること（中小企業専門性）を義務づけられている。決められた地区の外には支店を出せないことから、収益機会の多い東京など大都市圏での取引はできない。信用金庫は地域から逃げられないのだ。

このように多くの制約のある中で、信用金庫はその中央機関である信金中央金庫と連携して、全国にネットワークを築いている。「信金ゼロネットサービス」という入出金が全国のあらゆる信用金庫のＡＴＭでできるネットワークをもっているほか、土曜日のＡＴＭ利用料はかからず、ビジネスのネットワークを全国規模で作っている。

信金の定期積金

このような特性から信用金庫は、定期積金業務を行っているが、これは毎月信金の支店の渉外係が集金を行うものだ。この集金業務により、信金は顧客の種々の情報に接することができる。つまり、企業の現況・ニーズ、地域での評判（レピュテーション）、事業の承継問題など幅広い情報を集めることができる。顧客が信金の支店に出向かなくても、日常的に信金と付き合える。

全国の信用金庫の役職員は一一万四、〇〇〇人ほどだ。信金の本支店の数は七、五〇四だから、一店舗当り一五人強の人員がいる。地方銀行の役職員は一三万人強で店舗数が七、五一八なので一店舗当り一七人強の人員だ。信金の店周は、地方銀行よりも狭いので、より密度の濃い取引が可能になる。つまり、信金との取引は、痒いところに手が届くようなものになるといえよう。このことは、地元の企業の良いところ、悪いところを、細大漏らさず信金が把握して、きめ細かい取引・サービスを提供できる可能性が高い。

実際のところ、調子が悪くなった企業が、銀行から融資を引き上げられ、倒産寸前になったときに、信金の融資で助けられた例もある（二〇一三年放映されたTVドラマ「半沢直樹」にも同じような場面があった）。信金は、営利を目的としないので、とことん面倒をみるとか見放さないとかのスタンスをとることが多い。その分、不良債権比率が高かったりするが、それは逃げない姿勢の結果だろう。信金の融資データなどを検討すると、信用リスクに見合った貸出金利を取っていないケースに出会うが、これは調子の悪いときに（信用リスクが高いときに）、それに見合った相対的に高い金利を取るのではなく、業況が回復したときに取れなかった金利を取らせてもらうというような行動様式があるからだと思われる。

銀行との違い

銀行は営利目的なので、企業の業況が悪化し、融資の返済が滞る懸念があると、直ちに返済を求める（回収）という行動をとる。不良債権の発生防止であり、株主の利益保護からすれば当然の行動かもしれない。これもTVドラマ「半沢直樹」「ルーズヴェルトゲーム」によくあった場面だ。

これに対して、地域との一体意識の強い信金は、不良債権化を恐れず、企業の将来性を信じて、調子が悪くなったから即、融資の回収に走ることはしない。信用金庫の保有者・出資者は会員であり、融資を受けている人々なので、「困ったときはお互い様」「相身互い」という精神が浸透しているからだろう。

　このような行動様式をとる信金と取引することは、中小企業にとって資金面での保険を掛けているに等しい。業況が大きくなって地方銀行やメガバンクとの取引ができて、ステータスが上がったという意識をもつ中小企業者は多いが、果たして本当にそうなのかを問うてほしい。

(3)　資本性借入金（DDS）にも目を向ける

資本性借入金とは
　近年、中小企業にとって役に立ついくつかの金融措置がとられている。先に整理したように、電子記録債権・ABL・経営者保証などがあるが、その一つに資本性借入金（DDS。劣後ローン）がある。資本性借入金は、メザニン・ファイナンスともいわれる新しい金融手法だ。
　金融庁は二〇〇三年頃から、DDSの検討を進め、何回かDDSの利用推進のための措置を採ってきた。二〇一一年一一月二二日には『資本性借入金』の積極的活用について」という文書を公表して、東日本大震災で被害を受けた企業の救済措置としてその利用を促した。
　大震災の復興過程で事業を再開・継続する企業は、震災の影響で資本が毀損している可能性があり、資本の充実を図ることが喫緊の課題となった。さらにリーマン・ショック後の景況悪化等によって財務内容が悪化した企業についても、資本充実策が求められていることから、金融庁は「資本性借入金」の積極的な活用を促進し、資本不足に直面している企業のバランスシートの改善を図り、経営改善につながるように、「金融検査マニュアル」の運用の明確化を行った。

「金融検査マニュアル」に記載されている「十分な資本的性質が認められる借入金」（「資本性借入金」）について、「資本」とみなすことができる条件を明確化している。例えば、震災の影響で資本が毀損している企業であっても、既存の借入金を「資本性借入金」の条件に合致するよう変更（デット・デット・スワップ）することによって、バランスシートが改善し、金融機関から新規融資を受けやすくなるといった効果が期待される。活用例は、

―日本政策投資銀行と地方銀行との連携ファンド等による活用

日本政策投資銀行と地方銀行とが連携して設立したファンド等が、劣後ローンを供給する場合においても、条件面で、より弾力的な対応が可能に

―被災企業を支援する小口出資ファンドによる活用

小口出資ファンドのような匿名組合出資方式

図 7-8　DDS の仕組み

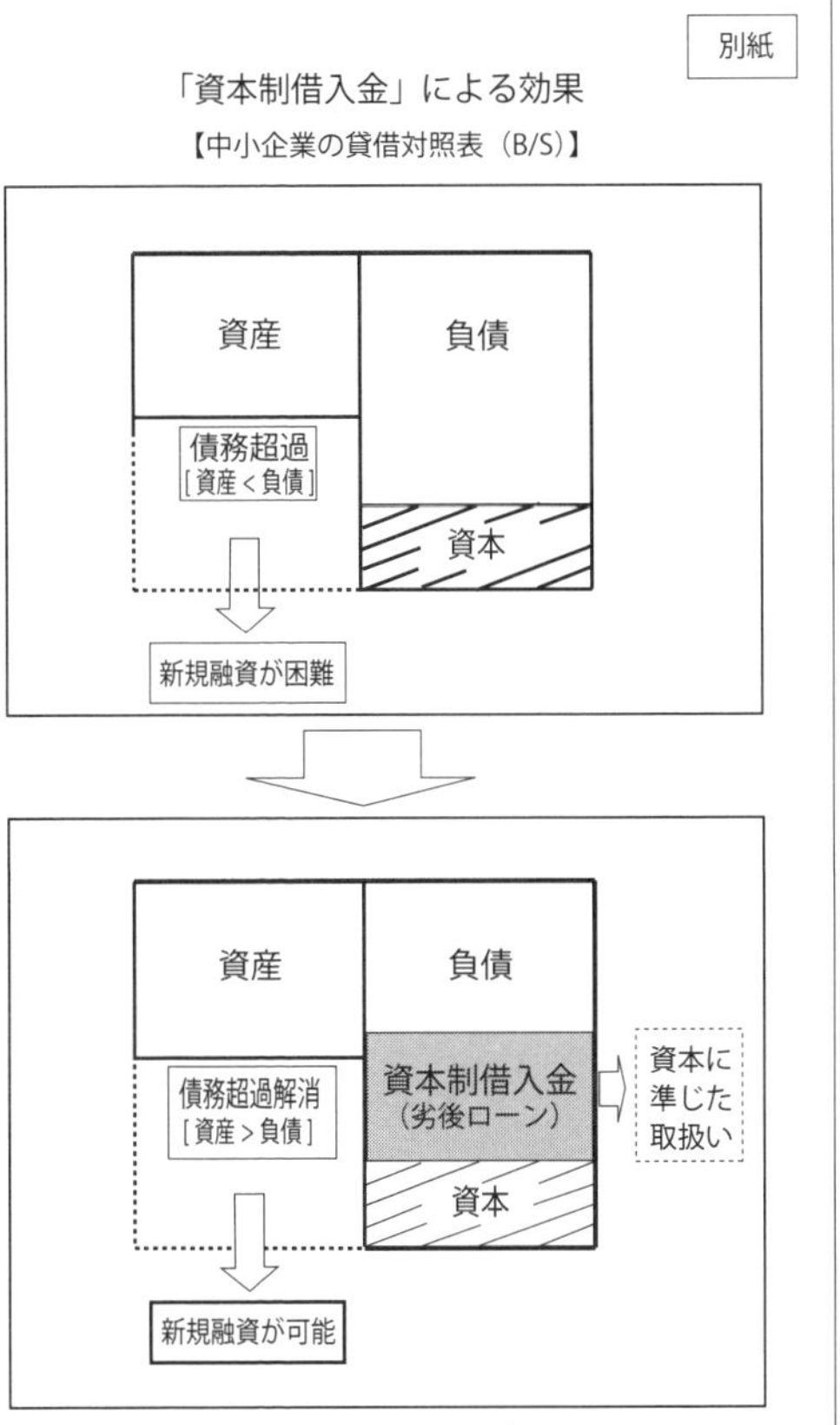

出所：金融庁ホームページより作成。

のファンド等においても、このスキームを活用することが可能などだ。

日本政策金融公庫の資本性ローン

日本政策金融公庫の中小企業事業では、新規事業や企業再建等に取り組む中小企業の財務体質強化を図るために資本性資金を供給する「挑戦支援資本強化特例制度（資本性ローン）」を実施している（国民生活事業、農林水産事業でも同様の制度がある）。国民生活事業では、新規開業資金、女性、若者／シニア起業家資金、新事業活動促進資金、食品貸付、普通貸付（限定あり）、企業再建・事業承継支援資金（ただし、「企業再建関連」「第二会社方式再建関連」「民間金融機関関連」「レイターDIP関連」「事業承継関連」（親族内に後継者が不在等の企業から事業承継する方）に限る）、中小企業経営力強化資金を対象とする。

事業再生の場合にも、資本性借入金の制度があり、中小企業再生支援協議会にも劣後ローンの仕組みがある。

このような新しい融資制度は、金融機関の担当者も必ずしも認識が十分でないこともあるので、是非、知識の幅を広げたいものだ。「J-net21」の「資金調達ナビ」に詳しい情報があり、参考にしたい。

第8章——未来を切り拓く

第1節　人口減少に対応する

(1)　消える自治体

二〇一四年五月八日、日本創成会議（東日本大震災からの復興を新しい国づくりの契機にしたいとして、二〇一一年五月に発足した有識者らによる政策発信組織）の人口減少問題検討分科会（増田寛也座長）は、二〇四〇年に二〇〜三九歳の女性の数が五割以下になる自治体（市町村）は八九六で、自治体全体の半分になると指摘し、これらを「消滅可能性都市」とした。この八九六自治体のうち、二〇四〇年時点で人口が一万人以下になる自治体は五二三で、消滅する可能性が高いとした（「ストップ少子化・地方元気戦略」（増田レポートといわれる）表8―1を参照）。

このうち八割以上の消滅可能性都市があるのは、秋田・青森・岩手・山形・島根で、二四の県で消滅可能都市が五〇％以上になる。秋田県は二五自治体のうち二四自治体が消滅可能性都市で大潟村しか残らない。無論、県庁所在地の秋田市も消滅可能性都市に入るが、二〇四〇年の若年女性人口は三万人以上なので消滅するわけではない。東京でも豊島区が消滅可能性都市に該当するが、同じく五万人以上で消滅するわけではない。このように、増田レポートは人口減少問題が、地域社会に深刻な影響をもたらすことを指摘した。地方再生が喫緊の政治課題になっている。増田レポートには、具体的な制度改革の提案が示されているが、耳を傾ける内容だ。

表 8-1　消滅可能性都市の数

	2014.4.5の自治体数	消滅可能性都市都道府県	残存数	消滅率	消滅しない都市数	消滅自治体数
北海道	179	147	32	82.12%	31	116
青森県	40	35	5	87.50%	12	23
岩手県	33	27	6	81.82%	12	15
宮城県	35	23	12	65.71%	11	12
秋田県	25	24	1	96.00%	14	10
山形県	35	28	7	80.00%	9	19
福島県	59					
茨城県	44	18	26	40.91%	15	3
栃木県	26	7	19	26.92%	5	2
群馬県	35	20	15	57.14%	9	11
埼玉県	63	21	42	33.33%	12	9
千葉県	54	27	27	50.00%	16	11
東京都	62	11	51	17.74%	2	9
神奈川県	33	9	24	27.27%	4	5
新潟県	30	18	12	60.00%	10	8
富山県	15	5	10	33.33%	4	1
石川県	19	9	10	47.37%	5	4
福井県	17	9	8	52.94%	5	4
山梨県	27	16	11	59.26%	8	8
長野県	77	34	43	44.16%	3	31
岐阜県	42	17	25	40.48%	11	6
静岡県	35	11	24	31.43%	6	5
愛知県	54	7	47	12.96%	3	4
三重県	29	14	15	48.28%	6	8
滋賀県	19	3	16	15.79%	0	3
京都府	26	13	13	50.00%	7	6
大阪府	43	14	29	32.56%	12	2
兵庫県	41	21	20	51.22%	17	4
奈良県	39	26	13	66.67%	9	17
和歌山県	30	23	7	76.67%	7	16
鳥取県	19	13	6	68.42%	3	10
島根県	19	16	3	84.21%	6	10
岡山県	27	14	13	51.85%	8	6
広島県	23	12	11	52.17%	9	3
山口県	19	7	12	36.84%	3	4
徳島県	24	17	7	70.83%	6	11
香川県	17	9	8	52.94%	5	4
愛媛県	20	14	6	70.00%	7	7
高知県	34	22	12	64.71%	4	18
福岡県	60	22	38	36.67%	13	9
佐賀県	20	8	12	40.00%	5	3
長崎県	21	13	8	61.90%	10	3
熊本県	45	26	19	57.78%	7	19
大分県	18	11	7	61.11%	7	4
宮崎県	26	15	11	57.69%	5	10
鹿児島県	43	30	13	69.77%	9	21
沖縄県	41	10	31	24.39%	1	9
合計	1,741	896	787	51.46%	373	523

出所：増田（2014）より作成。

(2) 地域金融機関への思い

地域の人口減少をいかに食い止めるかなどには、多くの対応策が必要になる。その問題はここでは触れないが、重要なことは、人口減少が地域経済を疲弊させ、地域金融機関の経営にも及ぶことだ。地域銀行は県域を営業基盤としており、経営の選択と集中も可能だし、県レベルでの経済振興にも携われるし、大都市圏取引も可能だ。しかし、地域から逃げられない信用金庫は、その依って立つ基盤が脆弱化するだけではなく、地域そのものが消滅し、信用金庫が消滅する状況になる。

このような状況では信金だけで対応できることgは少ないかも知れないので、地元自治体との種々の連携を行うこと、地域銀行との幅広い連携を行うことが重要だ。より大切なのは、地元のコミュニティとの「つながり」こそ最も重要だろう。第1章で元気な中小企業の例を紹介したが、徳島の上勝町の「葉っぱビジネス」のように工夫次第で対応が可能なビジネスはある。国も農商工連携などの施策を講じている。これらの政策を省庁横断的に利用可能とし、大いに活用することがポイントだ。

信金としても人がいない場所に店舗を置くことは困難だろう。そのような場合には、ユニバーサル・サービスを義務づけられている郵便局を活用することも一案といえる。信金代理業の業務提携をすれば可能になる業務は多い。官とか民とかの区別・対立を超えることが重要だろう。

(3) 士業にも活躍の場を

地域の中小企業を支援する支援組織が多くあると書いたが、商工会・商工会議所の経営相談員は八、五〇〇人程度だ。この人員で三八五万社の中小企業をカバーすることは困難だ。そこで、全国に展

表 8-2　各種「士」資格者数

	士	人数	備考
2014 年現在	税理士	74,318	税理士会登録者数
	公認会計士	26,110	公認会計士協会会員数
	弁護士	35,060	日弁連会員数
	司法書士	21,413	日本司法書士会連合会会員
	中小企業診断士	21,837	登録者数
	不動産鑑定士	6,700	登録者数
	弁理士	10,173	日本弁理士会会員数
	技術士	80,000	登録者数

出所：各士業のホームページより作成。

開する各種士業の資格をもつ人材の活用も重要だ。税理士七万四、三一八人、そのほか公認会計士・弁護士・司法書士・中小企業診断士が計一〇万四、四二〇人、弁理士・不動産鑑定士が計一万六、八七三人など一〇万人を超える人材が中小企業支援に役立つ（表8―2）。これでも中小企業三八五万社の五％もカバーできない。

この点で、地域金融機関の職員が活躍する場は大きい。地方銀行一三万人、第Ⅱ地銀四万五、〇〇〇人、信用金庫一二万人、計二八万五、〇〇〇人の人材をフル活用することで、中小企業三八五万社の一割強をカバーできる。各種士業・地域金融機関の職員が連携・協同できる仕組み作りも重要な課題だろう。

第2節　好循環の仕組み

(1)　団塊世代の人たちに活躍の場を

二〇四〇年という四半世紀先の状況を論ずるには、情報が足りないので、足元から一〇年位先を見越した場合の課題を考えよう。日本の中小企業は、雇用の七割を抱える存在だが、一九九九年の四八四万社が二〇一二

図 8-1　社長の平均年齢の推移

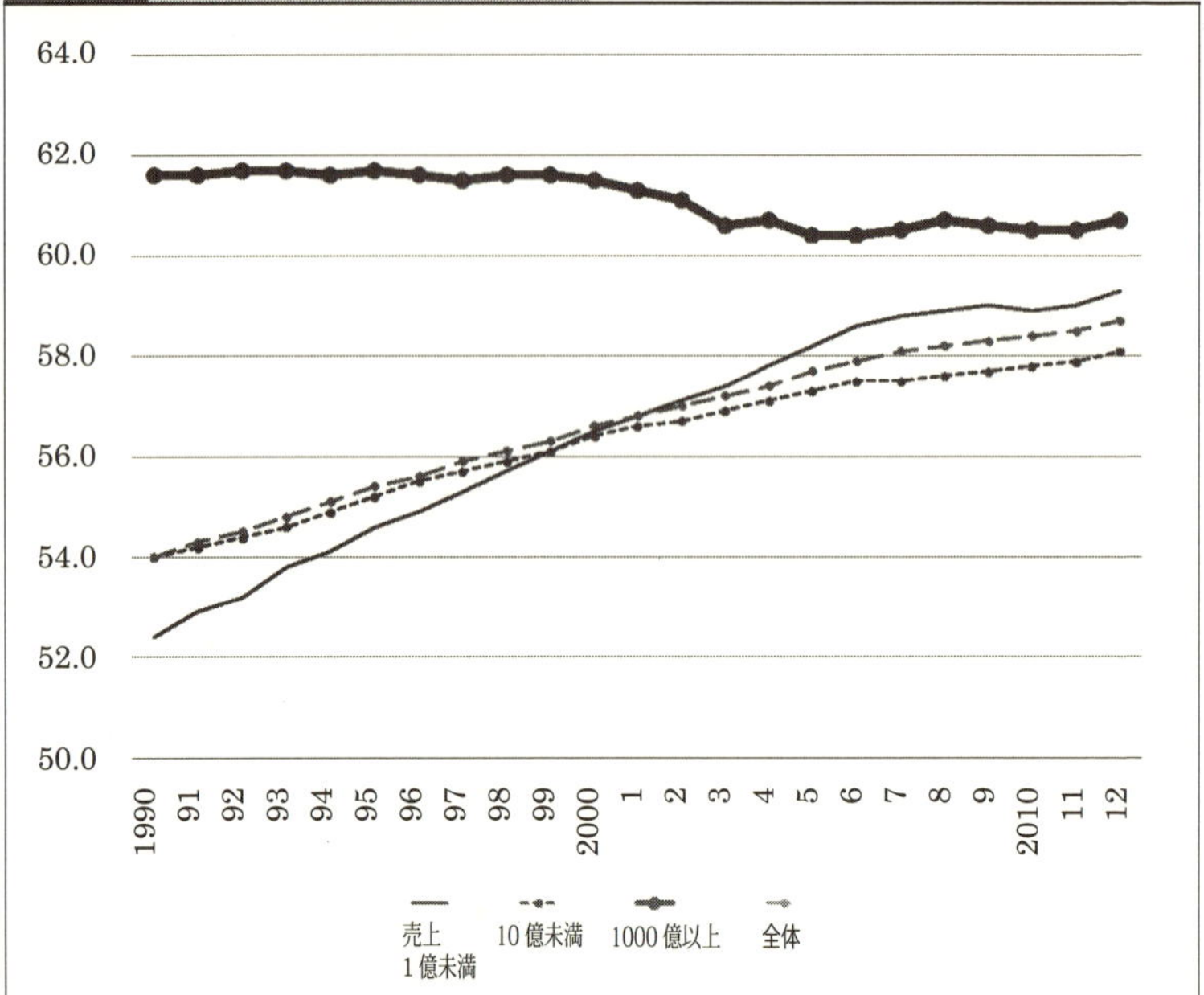

出所：帝国データバンク・ホームページより。

年に三八五万社と年間数万社減少している。三八五万社まで減少した中小企業の問題は、企業減少が止まらないことだろう。中小企業の三割は黒字経営であっても後継者難で廃業の危機にある。経営者の高齢化が進み、優良な技術・技能をもつ企業が後継者難という理由だけで廃業するのは、いくら高齢社会といっても問題だ。

　中小企業の経営者の平均年齢は五〇歳代後半だ。通常、中小企業の経営者は六〇歳代後半で引退するという。すなわち、あと一〇年もすると、半分位の中小企業経営者は引退年齢に達し、退出してしまう。現在六〇歳代にある中小企業経営者も多いはずなので、いかにしてこの世代の中小企業が撤退するのを防ぐかが重要だ。一九九〇年頃までは、中小企業の跡継ぎは、子供等の親族が九割を占めていたが、最近一〇年は六割程度で、親族以外が四割になった。

親族以外の従業員が引き継ぐいわゆるＥＢＯ（従業員が事業を承継する）を促進し、その企業譲渡を受ける資金（ＥＢＯの為の資金）を地域金融機関が融資することも重要だ。あるいは、Ｍ＆Ａ（合併・買収）により第三者が引き継ぐケースもある。

もう一つ重要なのは、現在六〇歳代になった団塊の世代の人材活用だ。これは「新現役」として、現在も事業が進んでいるが、より活性化させることが必要だ。団塊の世代は現在六〇歳代半ばから前半であり、あと一〇年弱は勤労が可能なので、「新現役チャレンジ事業」などを活用し、中小企業経営に参画し、一時的に地方に移転するのもよい。中小企業の八割は東京圏以外にあるからだ。高齢化した中小企業の経営者を補助して経営支援を行い、次世代への事業承継に携わることを推進したい。

⑵　複数の制度の組み合わせも

そうなると、団塊の世代が抱える困難は、自宅の問題だろう。Ｉターンして、その地域に根づく人も多い。筆者が夏に滞在する信州では、退職後移住している世帯が多く、地元に密着している人が多い。しかし、人によっては一〇年ほど地域で活動しても、いずれは自宅に戻りたいという願いや、一〇年くらいだったら「まあいいか」との思いがあるだろう。とくに、自分が良くても、奥さんが自宅に戻りたいと望めば、無視はできない。筆者の周囲でも、リタイア後、時間をもて余した元気な前期高齢者が多く、是非、〝活躍の場〟を活かされたい。

そこで、役に立つのが、住み替え型リバース・モーゲジだ。高齢社会では自助が重要だが、この

図 8-2 先代経営者との関係の変化

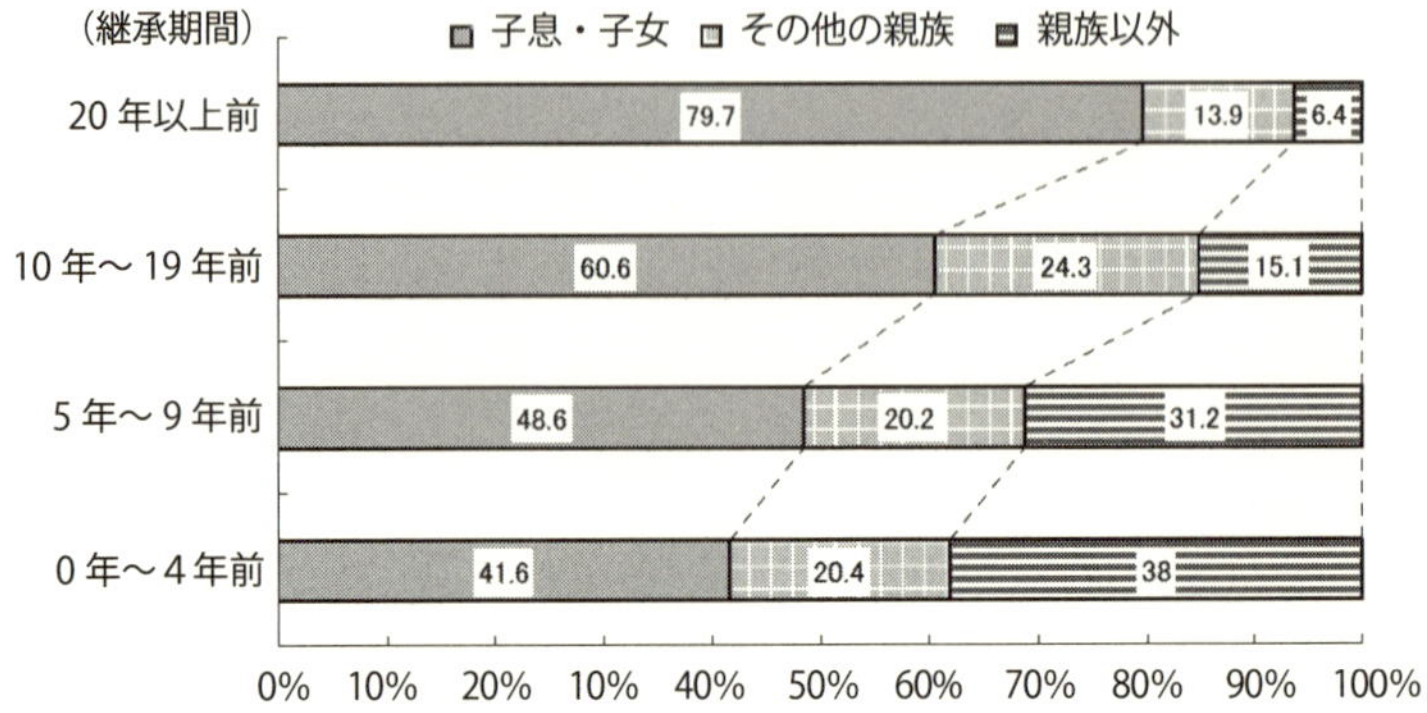

資料：（株）東京商工リサーチ「後継者教育に関する実態調査」（2003年）

出所：『事業承継将来像検討委員会中間報告』。
http://www.jcbshp.com/achieve/future_mid_01.pdf より。

自助は経済的には貯蓄になる。いうまでもなく、資産保有は金融資産にとどまらない。住宅という実物資産住宅も資産保有では重要だ。この住宅をキャッシュフローとして活用できれば自助につながる。「資産のフロー化」がそのエッセンスであり、いわゆるリバース・モーゲジだ。住宅がフローからストックの時代に移行し、ストック活用がいわれて久しい。住宅のストック化の意味は、いかにストックとしての価値を維持し、その価値を「見える化」するかがポイントだ。自動車に車検証があるように、住宅にも「家歴書」（住宅の履歴情報である改修などを記録するもの。現在「家カルテ」という住宅履歴制度が整備されつつある）が必要だ。この方は、住宅の瑕疵担保責任や性能表示などで実現しつつある。

しかし、木造住宅には二〇年程度で価値が事実上ゼロになるといった住宅価値の評価に基本的な問題がある。これはいずれ家歴書の普及で解決されよう。とすれば、いかに優良な住宅を建築するかだ。ストックが存在するためには、リフォームを確実に行うことだ。

これらの課題はあるものの、高齢者の選択で重要なのが、住み替え型リバース・モーゲジだ。これは、自宅に住んだまま資金化するのではなく、自宅は賃貸に出して、その賃料で別の住宅に住む方式だ。これを使うなら、例えば、東京にある自宅を賃貸に出し、自分は地方で暮らすことも可能だ。「移住・住替え支援機構」を使用するなら、いずれ東京に戻って元の住宅に住むことも可能だ。この機構は、国の基金を使うこともできる組織で、耐震性能などをクリアすれば、一定の賃料を保証してくれる。「二〇年Iターン」も団塊の世代には良い選択肢ではなかろうか。

先の日本創成会議の「増田レポート」は、その中で国が人口減少の基本ビジョンを策定する必要性を論じ、「Ⅳ戦略の全体像」として、一、ストップ少子化戦略（若者男女）が結婚し、子どもを産み、育てやすい環境を作る、二、地方元気戦略（地方を立て直し、再興を図る）、三、女性・人材活躍戦略（女性や高齢者など人材の活躍を推進する）、を掲げ、この二の中で「⑤地方へ人を呼び込む魅力づくり」として、「東京圏の住宅を売却し地方圏の住宅を取得した者に対しては税制上の優遇措置を講じ、地方へ移住することを容易にすることも考えられる」（四三頁）とした。

さらに、「都会に住む高齢者が地方への住み替えを選択するケースが増加する」ことは、地方の雇用機会を増加させるので、「高齢者移住を支援する方策として、高齢者の個人単位や自治体間のマッチング組織の整備や高齢者が居住していた戸建住宅を賃貸マーケットに出し、若年層に貸し出すスキームの整備」が必要であるとしている点では、先の提案と同じ方向を示すものだ。

(3)　リバース・モーゲジの改善

リバース・モーゲジは土地の評価に依存するのが、これまでの活用事例だったが、今後は上物重視であるリバース・モーゲジの普及が期待される。リフォームによるストック活用・家歴書・土地ではないリバース・モーゲジは、住宅そのものの価値を活用するアイデアで住宅のキャッシュフロー化という自助の根幹をなすものとなる。

問題は上物といっても、このリバース・モーゲジに耐え得るかどうかだろう。新耐震基準制定の一九八一年以前の住宅は三二％あり、住宅戸数は五、五〇〇〇万戸なので、一、六〇〇〇万戸の建て替えが必要だ。低く見積もっても八〇〇万戸のストック入れ替え需要が発生する。一戸二、〇〇〇万円の住宅として、一六〇兆円の需要だ。この住宅需要を向こう一〇年間で顕在化させ、年間一六兆円の住宅需要を喚起させる。現在の住宅投資はＧＤＰ比五％なので、これを八％程度に上昇させることによって内需を牽引すれば、需給ギャップは相当埋められよう。さらに住宅の生産誘発係数は高く、裾野効果は大きい。

住宅需要の原資は、高齢者層の保有する金融資産八〇〇兆円の二％程度を活用することで相当部分がカバーできる。すなわち、高齢者に老後保障を担保にしたうえで、二、〇〇〇万円程度の住宅取得を促す。二〇〇〇年住宅仕様とし、バリアフリー・耐震・太陽光パネルなどを設置した環境対応住宅で、リバース・モーゲジ利用に耐えうるものにする。これらを自己居住にせず、若い子育て世代に賃貸して、家賃収入を得ることもできる。

このような住み替え型リバース・モーゲジと「新現役」事業をドッキングし、団塊の世代に地域へのIターンを促すことも重要だ。その際、地域金融機関にはマッチングを図る役割を期待したい。

第3節　イノベーションを起こす文化

筆者の所属大学で一〇年前に社会イノベーション学部を立ち上げた。イノベーションはシュンペーター以来、研究者の間では経済における技術進歩の意義を解明するなど、永い研究の蓄積がある。テーマ的には大学院レベルで、学部レベルでは難しいとの意見もあったが、二〇〇〇年代半ばから政治的にもイノベーションが政策的に取り上げられ、一般的になった。先に述べた「イノベーション戦略25」などが出ている。

また、多くの企業が会社のPRに、例えば東芝はリーディング・イノベーション、NECはエンパワード・バイ・イノベーション、日立はソーシャル・イノベーションといったようにイノベーションを用いている。このように、イノベーションは日常的に目にする言葉となった。いまこそ、シュンペーターに学べ、といったタイトルの書物も多い。経済学ではシュンペーターだが、経営学ではドラッカー、クリステンセン、社会心理学ではロジャーズなどの先行研究に対する評価が高まっている。

イノベーションの必要性は広く知られるようになったが、課題は、いかに多くのイノベーションを世に送り出すかだ。日本では一度失敗すると復活が難しい。失敗からの再チャレンジを認める文化、出る杭を叩かない文化、尖ったものを認めること、こうした雰囲気をいかに作っていくかだ。

参考文献

Berger, A. N. and Udell, G. F., "The Economics of Small Business Finance: The Role of Private Equity and Debt Markets in the Financial Growth Cycle," *Journal of Banking and Finance*, Vol.22 Issue 6-8, Aug. 1998, pp.613-673.

Christensen, C.M., *The Innovator's Dilemma: When New Technologies Cause Great Firms to Fail*, Clayton M. Christensen, Harvard Business School Press, 1997. 玉田俊平太監修、伊豆原弓訳『イノベーションのジレンマ―技術革新が巨大企業を滅ぼすとき』（翔泳社、二〇〇一年）

Schumpeter, J., *Theorie Der Wirtschaftlichen Entwicklung*, 1912. 塩野谷祐一・中山伊知郎・東畑精一訳『経済発展の理論』岩波書店（文庫）、一九七七年九月（上巻）、一一月（下巻）（岩波書店、机上版、一九八〇年）。

——, *Business Cycles /A Theoretical, Historical, and Statistical Analysis of the Capitalist Process*, Vol.1 & 2, McGraw-Hill, 1939. 吉田昇三監修・金融経済研究所訳『景気循環論』有斐閣、Ⅰ～Ⅴ巻、一九五八年一二月～一九六四年一二月。

——, *Capitalism, Socialism, and Democracy*, 1942. 中山伊知郎・東畑精一訳『資本主義・社会主義・民主主義』（上・中・下巻）東洋経済新報社、一九五一～五二年（改訳版一九六二年、新装版〔合冊本〕一九五五年六月）。

中小企業庁『中小企業白書』各年版。

中小企業政策審議会『信用補完制度のあり方に関するとりまとめ』二〇〇五年六月。

――〝ちいさな企業〟未来部会『取りまとめ』二〇一三年三月。

亀澤宏得・内田衡純・笹井かおり「中小企業基本法改正後の中小企業政策の展開と最近の動向―中小企業をめぐる状況と活性化に向けた取組―」『立法と調査』（参議院）二八七巻、二〇〇八年一〇月、三六〜七二頁。

経済産業研究所・通商産業政策史編纂委員会編　中田哲雄編著『通商産業政策史（一九八〇〜二〇〇〇）第一二巻　中小企業政策』経済産業調査会、二〇一三年三月。

金融庁『金融検査マニュアル別冊〔中小企業融資編〕』二〇一二年一月、二〇一四年一月。

――『中小企業者等に対する金融の円滑化を図るための臨時措置に関する法律に基づく金融監督に関する指針（コンサルティング機能の発揮にあたり金融機関が果たすべき具体的な役割）』二〇一二年五月。

――『中小・地域金融機関向けの総合的な監督指針』二〇一三年一二月、二〇一四年一二月。

――『金融検査マニュアル』二〇一四年六月。

金融審議会第二部会『リレーションシップ・バンキングの機能強化に向けて』報告、二〇〇三年三月二七日。

――『地域密着型金融の取組みについての評価と今後の対応について』二〇〇七年四月五日。

――協同組織金融機関のあり方に関するワーキング・グループ『中間論点整理報告書』二〇〇九年六月一九日。

金融審議会『中期的に展望した我が国金融システムの将来ビジョン』報告、二〇〇二年九月三〇日。

――『リレーションシップ・バンキングの機能強化に向けて』報告、二〇〇三年三月二七日。

――『我が国金融業の中長期的な在り方について（現状と展望）』二〇一二年五月一五日。

黒瀬直宏『中小企業政策』日本経済評論社、二〇〇六年七月。

増田寛也編著『地方消滅―東京一極集中が招く人口急減―』中公新書、二〇一四年八月。

三井逸友『中小企業政策と「中小企業憲章」—日欧比較の二一世紀—』花伝社、二〇一一年三月。

三井哲「ソーシャルファイナンスの現状と課題」『季刊　個人金融』第八巻第一号、二〇一三年春（五月）、六二〜七一頁。

森田果「ソーシャルレンディングはどのように機能しているのか?」『季刊 個人金融』第八巻第一号、二〇一三年三月、五二〜六一頁。

村本孜『リレーションシップ・バンキングと金融システム』東洋経済新報社、二〇〇五年二月（b）。

——『リレーションシップ・バンキングと知的資産』金融財政事情研究会、二〇一〇年一二月。

——「日本型モデルとしての中小企業支援・政策システム—中小企業金融を中心とした体系化—」『成城大学経済研究所年報』第二七号、二〇一四年四月一六三〜二四四頁。

蠟山昌一「「市場型間接金融」序説」『フィナンシャル・レビュー』第五六号、二〇〇一年三月、一〜一〇頁。

千田雅彦「クラウドファンディング Crowdfunding—群れ集う投資家の遭遇 encounter with Funding Crowd—」『季刊　個人金融』第八巻第一号、二〇一三年春（五月）、三八〜五一頁。

鹿野嘉昭『日本の中小企業』東洋経済新報社、二〇〇八年二月。

植杉威一郎「中小企業金融安定化特別保証制度の検証」『信用保険月報』二〇〇六年五月。

——「政府による特別信用保証には効果があったのか」渡辺努・植杉威一郎編『検証　中小企業金融』日本経済新聞出版社、二〇〇八年九月。

山際勝照「黎明期にある日本のクラウドファンディング」『週刊　金融財政事情研究会』二〇一三年七月一五日、一〇〜一四頁。

全国信用保証協会連合会『日本の信用保証制度二〇一三年』二〇一三年九月。

は

ま

や

ら

た

さ

索　引

欧文

あ

か

【著者紹介】

村本　孜（むらもと・つとむ）

1945 神奈川県生まれ。1973 年一橋大学大学院博士課程修了。現在、成城大学社会イノベーション学部教授。これまでに（独）中小企業基盤整備機構副理事長、中小企業政策審議会委員、金融審議会専門委員、金融機能強化審査会長、情報通信審議会委員などを務める。著書に『制度改革とリテール金融』（有斐閣、1984 年）、『現代国際通貨論』（有斐閣、1985 年）、『現代日本の住宅金融システム』（千倉書房、1986 年）、『リレーションシップ・バンキングと金融システム』（東洋経済新報社、2005 年）、『リレーションシップ・バンキングと知的資産』（金融財政事情研究会、2010 年）など多数あり。

元気な中小企業を育てる
―日本経済を切り拓く中小企業のイノベーター―

2015 年 3 月 5 日　初版第 1 刷発行

著　者　村本　孜

発行者　上野教信

発行所　蒼天社出版（株式会社　蒼天社）

101-0051　東京都千代田区神田神保町 3-25-11

電話　03-6272-5911　FAX　03-6272-5912

振替口座番号　00100-3-628586

印刷・製本所　シナノパブリッシングプレス

ISBN 978-4-901916-43-1 Printed in Japan

蒼天社出版経済関係図書

書名	執筆者	定価
米国経済白書 2014	萩原伸次郎監修・『米国経済白書』翻訳研究会訳	定価：本体 2,800 円 + 税
揺れ動くユーロ 通貨・財政安定化への道	吉國眞一・小川英治・春井久志編	定価：本体 2,800 円 + 税
カンリフ委員会審議記録全 3 巻	春井 久志・森 映雄訳	定価：本体 89,000 円 + 税
システム危機の歴史的位相 ユーロとドルの危機が問いかけるもの	矢後和彦編著	定価：本体 3,400 円 + 税
国際通貨制度論攷	島崎久彌著	定価：本体 5,200 円 + 税
バーゼルプロセス 金融システム安定への挑戦	渡部訓著	定価：本体 3,200 円 + 税
銀行の罪と罰 ガバナンスと規制のバランスを求めて	野崎浩成著	定価：本体 1,800 円 + 税
現代証券取引の基礎知識	国際通貨研究所糠谷英輝編	定価：本体 2,400 円 + 税
国際決済銀行の 20 世紀	矢後和彦著	定価：本体 3,800 円 + 税
サウンドマネー BIS と IMF を築いた男 ペール・ヤコブソン	吉國眞一・矢後和彦監訳	定価：本体 4,500 円 + 税
多国籍金融機関のリテール戦略	長島芳枝著	定価：本体 3,800 円 + 税
拡大するイスラーム金融	糠谷英輝	定価：本体 2,800 円 + 税
HSBC の挑戦	立脇和夫著	定価：本体 1,800 円 + 税
国立国会図書館所蔵 GHQ/SCAP 文書目録　全 11 巻	荒敬・内海愛子・林博史編	定価：本体 420,000 円 + 税
外国銀行と日本	立脇和夫著	定価：本体 3,200 円 + 税
グローバリゼーションと地域経済統合	村本孜監修	定価：本体 4,500 円 + 税
ユーロと国際通貨システム	田中素香・藤田誠一編著	定価：本体 3,800 円 + 税